看得見的工殤數字　未說完的生命故事

餘生

陳惜姿 × 工業傷亡權益會 著

石蒜，又被稱為彼岸花，或曼珠沙華。在日本傳說中有死亡和分離的意涵。

目錄

	序──蔡海偉	蔡海偉	6
	序──何永業	何永業	8
	序──蕭倩文	蕭倩文	10
	作者自序	陳惜姿	13
	導讀	蕭倩文	18
第 1 章	蔣惠：接納所有不能改變的	陳惜姿	26
	我眼中的蔣惠	蕭倩文	44
第 2 章	徐爸爸：誰想知道喪事怎樣辦	陳惜姿	50
	那個混亂而傷痛的下午	蕭倩文	67
第 3 章	陳爸爸：毀。滅。性	陳惜姿	70
	一支煙的時間	謝欣然	90
第 4 章	Janet：我要子女做香港人	陳惜姿	96
	帶着愛的道別	謝欣然	110
第 5 章	陳婆婆：他知道我有多疼他	陳惜姿	114
	沾泡剃鬚　繼續上路	陳珏軒	132
	兩年內送別父子	蕭倩文	136
第 6 章	樊太：想放低，但不是你想就可以	陳惜姿	142
	勇氣	蕭倩文	160
第 7 章	趙太：希望女兒懂得照顧自己	陳惜姿	164
	法內無情	卓詠恩	180
第 8 章	譚太：被迫急速成長	陳惜姿	184
	為母則剛	林靜儀	202
第 9 章	《誌》專訪：誰奪去女兒的命？ 勞動節女兒逝世 8 年　胡媽媽堅持：過勞致命	關震海、 劉彥汶	206
	放下後的「不放下」	蕭倩文	220
附錄	《明報》專訪： 陪伴工傷遺孤的人們　教我如何說再見	鄭思思	224
	跋──餘生的缺口	陳惜姿	232
	跋──未完的故事	蕭倩文	234

序——蔡海偉

筆者初中時在工廠做暑期工，經常也要操作較大型的機器，差不多每星期也見到工友受傷到急症室應診，可幸多只是皮外傷，亦不曾遇見嚴重工業意外。當時香港對工業安全的意識相對比較缺乏，自己也只是在長大後回想起來，才發現當時並沒有足夠的預防措施，慶幸自己平平安安，沒有遭遇意外！

想不到四十多年過後的香港，一年仍然可以有三萬多宗大大小小的工業意外，以及數以百計死亡案例，而且事主往往是最無助的基層勞工，是家庭的經濟支柱，他們的生命和健康在工作場所受到嚴重威脅。當他們因工受傷或喪失生命，不僅是經濟上的損失，更是情感上的創傷，至親突然離世，家人難免出現各種不安、焦慮或抑鬱情緒，還要面對複雜及漫長的追討和司法程序。

看了《餘生》，更令人明白事故影響的不只是事主本人。意外可以很快地奪去一個工人的生命，但對事主家庭卻帶來長久、不可磨滅的傷痛和影響。

這九個真實的個案，更令人明白制度的重要性。政府對僱主的規管及監察是否到位？管理人員以至前線工友的訓練及安全意識是否足夠？在意外發生後，勞工處有沒有足夠的執法權力、追討及司法程序又是否過於冗長？相信受訪家庭仍然願意重新面對傷痛接受訪問，並不是為了得到同情，而是希望讀者明白現時制度的各種限制及不合理處，爭取作出改善，減少意外發生。

工業傷亡權益會的同工陪伴著受影響的家庭四出奔走，不僅提供經濟及情感上的支援，也嘗試提倡改善制度的方案。這不僅是對死傷者家庭的支持，更是對整個社會公平正義的追求。這絕對是十分困難而有意義的工作，值得我們支持及肯定！

香港社會服務聯會
前行政總裁 蔡海偉 JP

序——何永業

使我答應為這書撰寫序言的有兩個人，一個是活生生多年來對工殤者家屬傾力幫助、不離不棄、愛心滿滿的蕭倩文小姐—工業傷亡權益會總幹事，另一個是已經因癌病逝世、卻是雖死猶生、以難以想像的道德情操去感動香港人的蔣惠女士—許文明太太，就是那位在丈夫遭遇天秤倒塌意外死亡之後婉拒各方金錢資助的女子。

書稿到我手之後，我逐字細看，在作者陳惜姿小姐專業的報道文字帶領之下，漸漸沉浸在每一個不幸的工殤個案裏，越看越沉重，越看越多疑惑，越看越不忿，越看越明白每個個案都是可以避免的悲劇。

我花了很多時間重複閱讀第一個個案，就是安達臣道建築地盤天秤倒塌壓死三名工人，而其中一位就是許文明先生。我重複閱讀，是因為這個案很離奇，完全想像不到導致天平倒塌是因為一些完全可以避免的低級錯誤，也同時是因為這個案帶出一個非典型的人物—許文明太太蔣惠女士，和幾位令香港人肅然起敬的工業傷亡權益會的幹事。

這個案讓人看到敷衍的工作態度、令人發出欲哭無淚的慨嘆，但同時也讓人看到人性的美善、放棄權益的豁達，和救急扶危的天使心腸。

從這書可以看出這些悲劇正在不斷以類同的劇情重複，有關當局亦早在四份之一個世紀前已經知悉，並且很嚴肅地跟進，意圖從根本上停止或最低限度減少建造業意外的發生。

前行政長官董建華先生在 2000 年委任唐英年先生出任建造業檢討委員會主席，全面檢討建造業的各方面，包括安全。唐先生在 2001 年 1 月 18 日向董先生提交了一份非常詳盡的報告，名為《建業圖新》，其中的第八章就是《着重安全和環保的建造業》，由第 104 頁至第 124 頁一共 21 頁，巨細無遺提出怎樣提升建造業的安全去減少意外。四份之一世紀過去了，有多少業內人士仍然記得這份 166 頁的報告呢？當中提及的各種措施究竟有沒有切實執行呢？若果建造業的意外繼續不斷發生，究竟有沒有必要再重新檢討第八章的內容呢？

若果《建業圖新》真的如當日有份參與討論的業界人士所期望的那樣，能夠減少業界意外，那麼這書就根本沒有面世的必要，我這篇序言亦不會存在。

何永業

資深電機及屋宇裝備工程師

播道醫院發展小組主席

序──蕭倩文

2022 年 9 月 3 日，安達臣道一個地盤裡一部天秤倒下，壓住貨櫃辦公室，造成 3 名工人死亡，6 名工人受傷。這宗驚心動魄、讓人非常不安和傷痛的工業意外，為此書拉開了序幕。

每當有嚴重職業傷亡，社會總會躁動一陣子，傳媒追訪、政府部門介入、官員回應、專家評論、熱心市民捐款等等。有些意外特別受到社會關注，但更多的是無聲無息，新聞聊聊數句，悲劇便被掩埋在歷史檔案中，好像從來沒有起過波瀾一樣。此書收錄的不少是寂寂無聞的故事，看完後，彷彿經歷了幾次的慘劇，何其沉重。每一個故事後背盡是徬徨、淚水、無力和憤怒，但同時，我們還是看到了溫暖、重生和希望。

家屬的遭遇只是冰山一角，也只是社會的縮影。雖說事後的協助只是補救，預防才是首要，但在預防上還要加倍努力之時，我們對家屬的協助無疑是必不可缺的。十分感恩，得到家屬、善長和社會各界的認同和信任，這些鼓勵成為我們與家屬同行的動力，繼續往前。

十分感謝陳惜姿花了很多時間細心聆聽家屬的心聲，以其細膩的筆觸，刻畫家屬的心境，寫成八個真實而動人的故事，為工權會、為家屬留個紀念。

感謝為此書撰寫序言的蔡海偉先生和何永業資深工程師。蔡海偉先生作為社福界翹楚以其個人經歷和工作上所見所聞，深刻體會工殤家庭的痛苦和困境，反思制度應如何改善，以減少意外和受害家庭。何永業先生作為專業人士，在業界享負盛名，除了在改善安全上與我們同一陣線，實際上也與家屬同一脈搏，感受傷痛至深。

感謝受訪的家屬們對我們致以信任，克服傷口再次被扒開的傷痛，敞開心扉，訴說他們的故事。

感謝接受了訪問但最終沒有把她的故事輯錄此書中的洪錦英女士，她不畏辛勞獨力帶大兩名孫女的故事很感人很勵志。

感謝同事們在繁忙的工作中用心觀察，寫出深刻細膩的感受，讓大家以側鏡了解更多。

感謝媒體《誌》提供的胡媽媽的訪問，讓讀者們更立體地理解家屬的困境。

感謝《明報》提供鄭思思所寫的專訪，為道別摯親賦予新定義。

感謝為此書編寫、設計、排版及給予過意見的同事和友好，大家再次發揮工權會無限的可能。

把此書送給各位，希望大家繼續關注為社會為家庭努力工作的工友們，一起爭取保障和法例的改善，推動職業健康和安全，尊重生命，善待每一位。

蕭倩文

工業傷亡權益會總幹事

作者自序

認識工業傷亡權益會，自陳錦康先生年代開始。陳先生還在世時，沒有記者不認識他的，他為工傷受害人和家屬到處奔走，一雙關懷弱勢的大眼睛，叫人難以忘記。記得他說過：傷亡慘重的工業意外會有較多人留意，只有一個死者的意外，沒多少人記得。

這句看來平平無奇的話，不知怎的一直記在心裡。

香港城市建設光鮮亮麗，道路基建四通八達，背後有幾多工人默默付出，但他們因工而亡後，就像一顆微塵飄落，大家渾然不覺。

為了回應記在心裡那句話，看到工業意外殺人的新聞，偶然也會透過工權會捐款給家屬，自覺感同身受。然而傷感只是一陣子，之後便會忘記。

今次跟工權會合作，是希望為家屬做一點事——由工權會職員聯絡因工離世者的遺屬，我來訪談，好好記錄他們的故事。我嘗試了解，那個努力工作、驟然身亡的，本是怎樣的人；他／她在剎那間離去，家屬如何面對打擊，經歷哪些心理和生活上的變化；一個本來整齊的家永缺一員，今後如何過日子。

經過這次緊密合作，我跟工權會近距離接觸，了解到職員們的跟進是何等無微不至，對家屬念茲在茲的關懷，付出的心力超越一份工作，是無私的奉獻。家屬們對工權會職員讚口不絕，但如果可以，無人希望變成工殤遺屬，無人想享受這些服務，如徐爸爸說，誰想知道為兒子辦後事的手續？

他又說，兒子出事之前，每見工業意外，他也自以為可以感同身受，原來不能。工殤家屬所受的痛苦，無論旁人如何想像，完全不是那回事。

我也只能想像，希望能盡力寫出家屬經歷的一切。時間是最好醫藥，有家屬學會活在當下，治療傷口，展示出頑強生命力；但更多被困於哀慟與憤怒中難以自拔。訪問家屬時，工權會職員坐在家屬旁邊忍不住啜泣，我卻因要主導訪問，築起了情緒防線，不讓自己跨塌。

生人的地獄

撰文的時候，沉浸在不同形式的死亡，想像各種死狀，想到那些不明不白的死因，不負責任的僱主，和不合比例地輕的懲罰。每寫一篇稿，要聽錄音，訂正文字記錄，組織內容寫成文章，過程中像被家屬「上身」，才能感受並寫出他們的痛苦。我沒流淚，但有一天晚上做夢，我到了一個陌生地方，天花有一道紅色的裂縫，有鮮血一滴一滴落下來。

近來一齣賣座的電影《破 · 地獄》，裡面有一句：「不止死人要超渡，生人也需要被超渡，生人都有好多地獄。」死者已矣，工殤遺屬面對的地獄又大又深，不知何時能跨越。

寫這本小書之際，一直想著「餘生」二字。剎那的意外，工友永遠失去餘生，他們家人的餘生也從此改寫。

九個不起眼的故事，希望能在死水之上畫起幾道漣漪，工業傷亡個案不只是數字，還是一個個活生生的人；多少個家庭，終此生面對無法彌補的缺口。一個文明社會，不應如此輕蔑生命。法庭判罰如此的輕，不足警戒僱主；政府規管職業安全，也不是找明星賣賣廣告那般簡單。

受訪的家屬只是尋常百姓，他們對政府的批評和進言，睿智而有力。若他們的聲音被聽見，就不枉他們向我忍痛剖白，再次直面那個難以擺脫的地獄。

陳惜姿

冥途路引

導讀

近年每年超過 260 人在職場中失去生命，有的是遇到意外，有的是猝死。有的得到社會關注，有的則默默無聞。

全城關注背後

2022 年 9 月 3 日，安達臣道發展區地盤天秤倒塌意外，得到社會非常大的關注，除了是傷亡嚴重，更多是因為其中一個家庭正同時面對另一嚴峻的困境。

意外一星期前，天秤倒塌意外死者許文明的太太蔣惠確診第四期乳癌。她和丈夫相擁而哭，擔憂著她離世以後，兩個女兒就要丈夫獨力照顧了。可誰想到，丈夫居然先行一步。許家的經歷，讓不少香港人傷心流淚。但蔣惠在接受公眾捐款後的兩天，便毅然呼籲大家停止捐款，把資源留給更多有需要的人。香港人為這位女子嘖嘖稱奇。惜才一年，我們再次為這家庭感到揪心，蔣惠離世了，留下兩名年幼女兒。

當媽媽或太太們為兒子為丈夫哭得死去活來之時，爸爸們一般顯得沉默，不是他們不傷心，而是那種錐心之痛難以用眼淚表達。意外兩年後，受害家屬之一的徐爸爸，為了追尋真相，竟然重新執起書本，重返校園，鋪路研讀法律。這種堅毅，甚至是執著，讓我看到巨人一般的他。在同事的安排下，徐爸爸也和幾個同樣是父親的家屬互相照應勉勵，一起出席對方孩子的裁判庭，給予支持。

天秤意外至今兩年多，無論是違反安全條例的裁判還是賠償程序，都仍在處理中，對家屬無疑是個沉重的包袱，也不知道還要等待多少年月才能終結。

跟徐爸爸一樣，陳卓鈞的父親也是苦苦追尋真相的一員。相比下，陳爸爸更加咬牙切齒。兒子 2023 年在科學園工作時因觸電而死，誰對誰錯，誰有哪些錯，誰未有盡力，陳爸爸早已心中有數。文中的話語鏗鏘有力，躍然紙上，可見日子並無沖淡陳爸爸的憤怒和悲痛。兒子是他們的唯一，尤其是已經踏入退休的年齡，夫婦倆本來想像的安享晚年並沒有出現，只剩下無止的淚痕和掛念。何日才能重新振作？

被掩埋的故事

有些悲劇沒有得到社會太多的關注，尤其是非本地工人，一旦遇上意外，面對的困難比本地人更多。Janet 的丈夫是巴基斯坦裔搭棚工人，午飯時間從棚架攀爬落地面時，不幸墮地身亡。意外後的討論都集中在那座位於加多利山、需要維修外牆的豪宅是屬於某某家族的，然後就沒有其他了，也沒有後續了。可是遺屬面對的創傷和困境是和其他本地家庭一樣的。幸好 Janet 是個堅強的人，也很有目標，她以香港為家，希望做個真正的香港人，用自己的能力撫養子女成長，貢獻社會。

同是搭棚工人墮樓意外，陳兆豐的家人面對更多更艱巨的挑戰。由意外後僱主失踪、到被押上庭、到兆豐爸爸的離世、到僱主因違反安全條例被法庭罰款，歷時兩年半，但事情並沒有完結。僱主沒有購買保險，家屬需要向「僱傭補償援助基金管理局」追討應得賠償，還有數年的漫漫長路。如今，只能由 80 多歲行動不便的母親接下這個重擔。陳婆婆是個很健談的人，尤其說起兆豐，她便嘴角上揚，非常滿足。我好像從來沒有見過一位母親如此毫不掩飾地誇讚自己的兒子，可見兆豐在她心中無可取代。不過越是滿足，反而顯得缺失越多。十多年沒有外出的陳婆婆，不知道還記不記得外面的陽光和風景 ......

令我們所無奈、氣餒，甚至憤怒的，是悲劇不斷重演，尤其是同類的意外。樊柱樑和趙高於 2021 年 12 月在沙井工作時吸入沼氣死亡，遺下太太和年幼的子女。此次意外的前後 3 年裡，密閉空間已奪去 7 名工人的性命！樊太曾控訴：「為何同類意外不停地發生，到底還要傷害多少個家庭，多少個人，這些悲劇才會停止呢？！」我們沉默，誰也無法回答。

兩名年幼的兒子成為樊太支撐至今的唯一動力，感恩她找到自己的目標，與兒子一起成長，一起進步。趙太的女兒比樊太的兒子大幾年，不過爸爸出事時也只有 8 歲，爸爸過身後一直擔當照顧媽媽的角色。喜歡烹飪的趙小妹妹煮得一手出色的菜、喜歡做蛋糕，都是以前跟爸爸一起看網上影片自學的。趙家一直的生活都不容易，聽著趙太的回顧，我和同事都不禁流淚。

過勞死不被承認

最近幾年職場死亡都有上升趨勢，2021 年 263 人、2022 年 266 人、2023 年 286 人。而攀升的正是「猝死」個案，他們的死因往往被視為「個人疾病」，例如突發性心臟病和中風等。此類遭遇的家屬如果要追討賠償，過程困難重重，而十之八九會中途放棄或被迫放棄。

譚太和胡家怡的媽媽便是其中主動放棄和被迫放棄的兩位。譚太的丈夫譚雙貴是貨櫃碼頭倉務員，經常 24 小時留在碼頭，工作和休息時間都混在一起，某天突然暈倒送院不治。或許是要照顧家中大小，或許接受了證據不足，譚太放棄了工傷賠償的追討。把注意力都放在家庭中，她堅韌地撐起一家六口，而實際上她只不過是個柔弱的小女人。這幾年來，就憑她過人意志，母兼父職，陪同三個年幼兒子經歷各種考驗。

需要照顧大小必然是前行的動力，而年老失去愛女的胡媽媽依靠的，可能就是為女兒追討公道，為追求公義的願望。胡家怡是經常中港兩邊走的採購員，年輕的她對服裝和衣物搭配十分熱愛，一邊工作一邊在香港理工大學時裝及紡織系進修。胡媽媽形容女兒從小到大都非常獨立自覺，從不需要她操心，或許只有家怡換了工作的一年多，才讓胡媽媽真正地擔心吧！這份工作讓家怡一去不返，最後的一句話是「點算啊！趕貨啊！死啦 ......」然後就一直昏迷，直到翌年 5 月 1 日離世。胡媽媽和家人四出奔走追討。不過「公道」和「公義」都沒有預期出現。縱使失望，但胡媽媽的勇敢和堅毅值得佩服和尊敬。

尊重生命才是根本

2024 年 11 月初，五天裡發生了三宗致命意外，過了不足兩星期，再多兩名工人失去寶貴生命。情況之嚴峻，讓很多人問：「為什麼意外這麼多？」我常常語塞。說政府、僱主、各個崗位的人沒有努力去改善嗎？不見得。是力度不夠嗎？也許是。是用錯方法了嗎？不否定。是大家都在顧着自身利益而沒有團結一起嗎？有可能。事實上，縱使我們都很努力地想改變，但似乎都無力改變。

我曾經出席過一個安全論壇，參加者都是工程界、安全界的老闆、顧問、學者和專業人士。席上，我問過這樣一個問題：「大家為什麼這麼關注安全？是工作需要，還是真正想保護工友？」如果是前者，只是因為大家不想工作上有麻煩或希望有好的表現，那麼大家只是在告訴別人「我在落實安全」。只有後者，才能真正做到「尊重生命」。安全是一堆政策、條文和規則？ 安全是智慧工地？安全是獎勵性的「支付安全計劃」還是懲罰性的 1000 萬罰款，甚至刑責坐監？可以是，也可以不是。其實無論任何政策、措施、獎勵或懲罰，有一個共通點——人。建基於人的思維，人所重視的。也就是說，如果人不重視安全，所有工作都是白費的，都是紙上談兵，都是應付式。安全是由人出發，由心出發，由上而下出發。

安全意識需要很長時間的建立，如果我們再不把其納入中小學正規課程中，儘早建立危機意識，從而帶到生活和工作各個層面，再過30年，意外都還是發生。在此之前，上至政府、業主、僱主、專業人士、下至管理人員、前線員工等等，都需要付起自己的責任，以保證自己和別人的性命安全。

此書內家屬有各種的困難和遭遇，其實都直接或間接地離不開對現時法例和制度的控訴。我們由衷地希望，大家盡一切的力量，保護工友，保護他們的家人。將來，再寫的，不再是誰誰的「餘生」。

蕭倩文
工業傷亡權益會總幹事

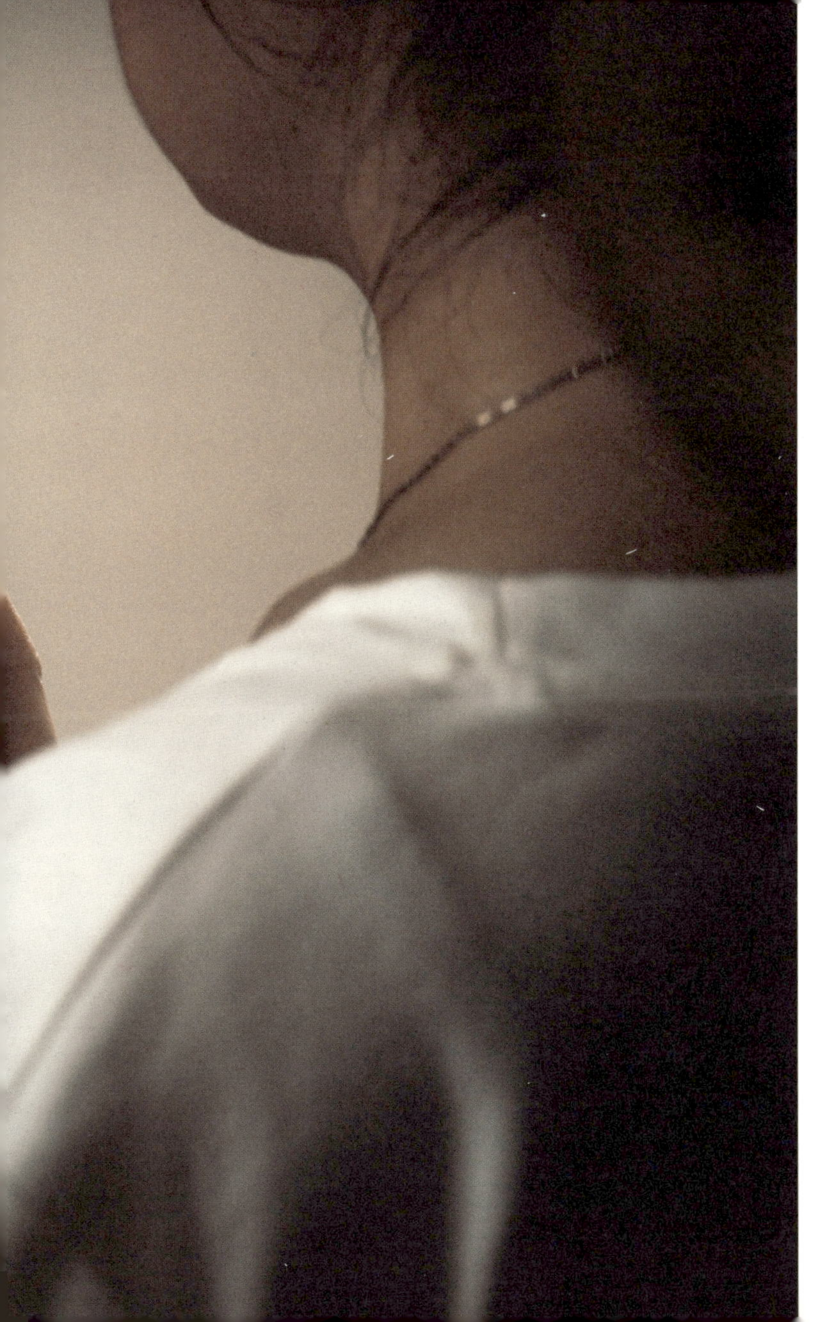

西方諺語說，要一整條村莊才能養育一個孩子，更何況是兩名失去父母的孩子？

第 1 章

蔣惠——接納所有不能改變的

陳惜姿

意外詳情

日期　2022 年 9 月 7 日

地點　秀茂坪安達臣道香港房屋協會地盤

死者　許文明（41 歲），同一意外的死者還有潘浩鈺（22 歲）和徐學培（25 歲）

經過　地盤內一座重達 65 噸的天秤，底端突然與一邊工字鐵分離，整座天秤轟然塌下，壓著地盤內幾個貨櫃辦公室，造成三死六傷慘劇。

家庭狀況　死者許文明遺下妻子和兩女（七歲和四歲），妻子蔣惠是癌症末期病人，於意外後一年離世。兩女現由祖父及姑母照顧。

法庭控罪　勞工處和屋宇署向共七間公司及八人提控，共涉及 76 項控罪。時任精進建築項目經理，35 歲簡浩楷被控三項誤殺，一名 72 歲外判工程師已離港正被通輯。

政府跟進　由於過往發生多宗致命工業意外，發展局於 2023 年及 2025 年分別拒絕向「精進工程」及「精進建築」續牌，兩公司不可再進行《建築物條例》下任何建築工程。

安達臣道地盤天秤倒塌，壓死三名工人，那座被割掉一半的山上，從此多了一道難以磨滅的痂。三個正值壯年的男士去世，三個家庭的未來也從此改寫。

其中 41 歲電工許文明的遺孤最叫人揪心，意外前一星期，許太蔣惠才確診末期乳癌，兩名女兒當時只有七歲和四歲。橫禍飛來，蔣惠既要面對喪夫之痛、安撫兩女，還要應付化療和電療的折磨。

天秤意外發生在 2022 年 9 月 7 日，丈夫過身 13 個月後，蔣惠也因癌症擴散至肺和腦，於 2023 年 10 月離世。

這是工權會遇過最困難的個案，別的工殤個案，大都是父親身亡，剩下媽媽照顧子女，但許家夫婦先後過身，兩個小女兒茫茫然面對破碎的家。蔣惠臨終的重托，令工權會上下更感沉重。

攝於 2024 年 4 月姐妹倆回到蔣惠故鄉柳州，參加母親下葬儀式。

劉千石是八九十年代叱吒政壇的工運領袖，低調了 20 年，現在擔任工權會主席。已是 80 歲高齡，自從許文明意外身亡，他對蔣惠一家，可謂無微不至。

劉曾經患癌，人脈又廣，初認識蔣惠，便給她介紹港大醫學院腫瘤科前系主任岑信棠醫生，就其治療方法提供意見。在開記者會、追討賠償等流程之外，蔣惠跟他慢慢建立朋友間的信任，蔣跟劉說，感覺像被家裡的長輩關顧著。

蔣惠喜歡文化藝術，與劉千石志同道合，劉不時帶母女幾人看粵劇、舞蹈表演。曾是工人運動錚錚的硬漢子，如今在文化中心，會帶許家幼女如廁，以免蔣惠操勞。

幼女跟他特別投緣，第一次見面便撲向他直呼「石哥」，從沒有小朋友這樣稱呼他，他只覺得有趣。他估計是蔣惠在家裡常提到此名字，女兒模仿了。

帶女孩到殘廁，女孩去罷，輪到石哥，她站在廁外恐是怕他擔心，不斷在門外與人聊天，石哥聽到她聲音便安心了。許家兩女兒有個特長，就是容易跟人攀談，和的士司機也是談個沒完沒了。

劉是一個兒童粵劇團的名譽會長，看表演後，還帶兩女孩入後台試戲服，可以想像，她們有多興奮。

「蔣惠自知病情嚴重，就是醫得好，也會經過不尋常的治療過程，所以希望有人跟她一起帶兩個女兒，想我跟她們熟。這想法，她跟夫家、娘家的親友都提過，小朋友也在場。」

她更跟劉千石提出，把兩女兒交給他照顧，當時她尚未入醫院，劉覺得那像托孤，並未答應。雖然如此，這份重托他一直沒放下，對兩女孩，他覺得有道義上的責任。

工權會主席劉千石常邀請母女三人觀看藝術表演

工權會上下受蔣惠啟發

許家情況前所未見，工權會花上極大心力，除了主席劉千石，總幹事蕭倩文、幹事梁金愛也傾盡心思，付出之後也得到成果。蔣惠的個人特質，令他們如沐春風。她有獨立思考能力，不人云亦云，為人豁達，令他們深受啟發。

他們承認，對一些工殤家庭，同樣的付出未必有一樣的回報。蔣惠信任他們，樂意建立關係，他們也不視她為個案，而是好鄰舍、好姊妹。

一次工業意外，令許家遭逢巨變，但蔣惠由始至終沒有痛罵肇事的精進建築，還處處為公司著想。她在意外後幾天便已發文，指法律是底線，問責不管輕重都難有好效果，是應對問題的下策。意外既已發生，她希望相關機構能以建設性的角度對應問題，例如建立一套系統，規避風險之餘，企業又能操作。

她對事情往往有異於常人的想法。令人印象深刻的，恐怕是在意外幾天後即喊停捐款。工權會總幹事蕭倩文記得，意外兩天後，蔣惠看到銀行捐款入帳記錄，沒著眼大筆捐款，反而留意那些五十元的小額，想到捐款者也非富裕的人，情況不會比她好，她如何安心接受他們的捐贈？於是毅然喊停。

後來精進建築的老闆也提出幫她兩女兒買教育基金，也給拒絕了，她想女兒更努力一點，不要倚賴別人。

蕭倩文說，她的做法確是前無古人，工權會中人沒見過。此舉贏得港人讚賞，這精神亦發揚光大，後來有一些工殤家屬也以她為榜樣，捐款足夠了便停收。

豁達面對厄運

蔣惠原籍廣西，在國內修讀設計，畢業後曾在多個內地城市工作，皆與設計相關，做過平面設計、購物中心的設計協調，在電視台做過後期製作，更做過幾個月記者。

綜合蔣惠接受幾個傳媒訪問的內容，2014 年她在一個講邏輯思維的微信公眾號認識許文明，幾個月後便來港跟他結婚。兩人情投意合，許文明喜歡做小手工，會製作皮具如零錢包、卡片套等，蔣惠曾想過以後老了，丈夫做皮具，她幫他設計圖案和樣式，該有多好。

但婚後八年沒多少輕鬆快樂日子，蔣惠兩次患上產後抑鬱，加上家裡老人過身，兩口子經歷了不少磨難，幸而一一應付過來了。許的休息日全用來陪孩子，或在家裡做點維修如通水喉、修補天花。每天上班前都和太太、孩子親吻擁抱，晚上不太累時給孩子讀繪本。工作時中午會給蔣惠傳訊息「吃飯了」，直至 9 月 7 日出事那天。

如此恩愛的夫婦，因工業意外天人相隔。但她一直沒有公開流露太多情緒，甚至對自己在記者會上表達悲傷情緒而愧疚，她不想大家為她一家的遭遇太難過。

對於丈夫的死，她有另一思考角度。以下是她生前幾次文字訪問的內容節錄：

> 「大家都知道人死不能復生這件事，我也問過自己，這種事怎麼會發生在我身上呢？……如果有這樣一個選擇機會，我可以選擇這意外是給我，還是給其他的人，那麼，我選不了，給我，我沒有那麼大義，給其他人，我也沒有那麼殘忍。」

蔣惠一家三口合影

「對於人生和生命的想法……好像突然明白了一些。以前感覺是煙霧籠罩的一些問題，突然顯現出大致的輪廓……原來遇到困境，除了認輸，除了頂硬上，還可以有另一種選擇，就是看得寬廣一點，想得再通透一點，讓自己豁達面對問題，接納所有不能改變的。」

她的豁達，確是超乎常人。丈夫意外身故，她又患上頑疾，她沒有自怨自艾，而是積極接受治療，她說：

「生病既然是免不了的，那麼有醫生、有醫院提供治療已經算是一種幸福了。順其自然有病醫病就行了吧，一邊治療，一邊跟醫生、姑娘學習各種應對的知識，也可以是愉快的體驗。」

她認為既然接受治療，應先處理自己的心態，若病人不樂觀，醫生怎醫治你？她信任伊利沙伯醫院的醫生，再有其他好心人給她介紹這樣那樣的療程，她也婉拒了。

人說醫院飯餐難吃，她住院時吃得津津有味，還把吃光的盤子拍照傳給劉千石。她說：「醫院飯餐是營養師設計的，對病人一定最好，在外面請營養師設計餐單多貴呀！」

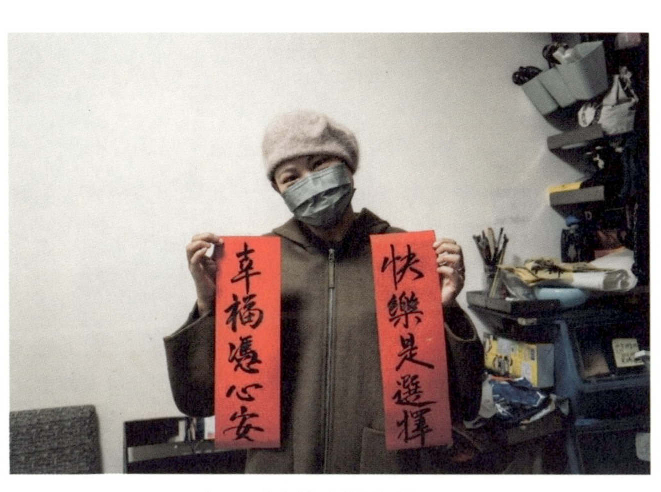

2023 年 2 月蔣惠接受《集誌社》訪問留影

因化療脫髮成了光頭，她毫不介意，還說光頭也可以靚，一早已想嘗試，只是考慮到頭骨形狀和頭皮有疤，沒付諸實行。所以她不需接受自己的光頭形象，那反而是曾經的期待。

送蔣惠最後一程

蔣惠少年時有瀕死經驗，從四樓掉到地面大難不死，對生死看得很開。她覺得，自己死後女兒有姑媽照顧，認識工權會後，幫忙的人更多了，更放下心來。

2023 年 7 月，蔣惠得知癌症已擴散至腦。但 9 月初天秤事故一周年，她仍接受傳媒訪問。談到無論難關有幾大，困難的時間總會一分一秒地過去，難過的時間只會愈來愈少，說時，眼神裡都是希望。

她沒在死神面前喪氣，可它終於來了。中秋節快到，蕭倩文 9 月中請她設計工權會月餅包裝的標籤，手機短訊她沒回應。由這時開始，她不太回覆 whatsapp，就是回覆也只是錄音，與之前洋洋灑灑文字回覆差得遠，說話也不太清楚。

又過了一會，見蔣惠長時間沒回覆，蕭倩文上門找她，原來她躺在床上已兩天，精神呆滯，沒有進食。蕭建議叫救護車，她又不肯，離開後，蕭詢問了岑醫生，岑建議蔣惠入院。姑媽上門見狀，最終打 999 送蔣惠入院，當時她已陷入半昏迷，維生指數很低。

住院期間，蕭倩文請社署職員見證，按蔣惠之前的吩咐，找姑媽作兩女孩的監護人。手續辦好，兩日後蔣惠清醒了，個多星期後竟像沒事一樣出院。大家以為有神蹟出現，蔣惠還計劃帶女兒回到她老家廣西柳州，遊歷她曾去過的地方。可惜回家不到幾天，她突然又再昏迷，雙腿都腫了。救護車再次送她入院，此後便再沒醒來，兩日後，在 10 月 18 日，43 歲的蔣惠悄然離世。

蔣惠過身後，銀行戶口遭凍結，財政上一下子吃緊。工權會負責她設靈、火葬費用，熱心市民再次捐助這個家庭，讓他們渡過難關。待半年後復活節假期，劉千石、蕭倩文和姑媽帶兩個女孩回柳州，讓蔣惠入土為安。

攝於 2024 年 5 月，梁金愛姑娘陪同姐妹倆到地盤外獻花後離開。

謹記臨終重托

「與工殤家屬同行，這份照顧是一生一世的事。」劉千石說。死者家屬追討賠償過程漫長，期間小孩的教育、醫療問題，金錢如何運用等，皆令他們放不下心。

蔣惠一向教導女兒獨立，劉千石揣摩她對女兒的期望，是成為獨立、自由、自律、會感恩的人。他本人則希望女孩享受到家庭溫暖，潛質能好好培養並發揮。

目前兩女跟祖父和外傭同住，姑媽是監護人。姑媽有自己的家，工作亦忙碌，星期日要開工，無法常常陪伴。祖父 70 多了，更難以一下子代替母親的角色。遠在柳州的外祖父母和姨媽牽掛兩名小女孩，也想過接她們回去居住。

劉千石自稱是「十代長老」，與兩個家庭溝通綿密，他手機的通訊軟件裡，有他跟兩女孩的外婆、姨媽、姑媽一串串的對話……連蔣惠在柳州的閨密，都跟他一見如故。兩邊的家人都尊重他的意見，他自知地位特殊，能在中間調和。他一直揣摩，怎樣的安排對女孩最理想。

> 「大家都想兩個女好，但方法不同。我不停跟兩個家庭溝通，了解他們的期望和想法。」

簡單如暑假安排，外祖父母想孫女回柳州，姑媽卻想她們留在香港參加活動，劉千石希望兩邊也能兼顧，能不能先參加一些活動，再回柳州，兩全其美？

要一整條村莊才能養育一個孩子

西方諺語說，要一整條村莊才能養育一個孩子，更何況是兩名失去父母的孩子？工權會幾名要員各施其職，劉千石先是為母女提供文化生活，繼而在長輩間擔當長老之責；蕭倩文負責工殤問責事宜，梁金愛則負責陪伴，無微不至。

梁姑娘四十多年來在工權會守住同一崗位，陪伴工殤家屬佔據她整個生活，連丈夫、妹妹都是工權會義工。過年炸角仔端午包糉，梁與媽媽組成員關係綿密。手機內都是不同家屬群組的對話。她到許家探訪次數多，連樓下保安都認出她了。她會坐在許家兩小時陪女孩做功課，看到一道作文題目：「風和日麗，媽媽帶我去海灘堆沙。」會氣上心頭。

就是假期，她也和丈夫帶工殤遺屬的孩子去玩，按性格組合起來。許家兩女孩，有時會和其他工殤家庭的孩子一起玩。許家大女功課較散漫，她要循循善誘。「帶孩子就如放風箏，條線要時鬆時緊。我跟她們講道理，叫她們星期一至五做完所有功課，星期六日才能去玩。」如果她們頑皮亂走，她就說：「我好驚呀，出了意外，姑姑（姑媽）以後都不讓我帶你們去玩。」

她關顧著多個工殤家庭，哪一家的哪個小孩是怎情況她如數家珍，與許家姊妹遊玩時，會給她們介紹一些窮孩子，可能是父親工業意外去世但不獲賠償的，或是母親同樣過世的，讓她們知道世上有同病相憐者。女孩在玩樂同時，也培養出同理心。

大女性格開朗，會照顧人，在母親出殯的晚上，她跟梁姑娘說以後會擔起媽媽角色，照顧妹妹。然而她畢竟只有九歲，在工權會舉辦的母親節活動裡一言不發，躲在一旁哭。職員們都鼓勵她倆，盡量把對父母的思念說出來，不要掩埋心中。父母離去已是事實，跟他們的點點滴滴，是珍貴的回憶，不說出來便會遺忘。

伴著工殤遺孤成長，是梁姑娘畢生事業。她遇過一個女孩，13 歲時父親因賭債在地盤跳樓，女孩壓抑至入大學情緒才爆發，頭髮一束一束的掉下來，後來梁做了許多功夫才給她疏導了。所以她很著緊小孩的情緒，常跟她們談天。

孩子成長過程中，「陪伴」是重要的成分。父母俱亡的缺口，幹事們輪流補上。家訪時，許家女孩往往不讓他們離開，幼女更叫長輩給石哥門匙，讓他隨時上來。

有「成村人」在身邊團團轉，兩個小孤雛被多人愛惜。她們在成長的歲月裡，也不至於太孤單。

姐妹倆幫工權會賣旗，姐妹與蕭倩文合影。

我眼中的蔣惠

工業傷亡權益會總幹事蕭倩文

安達臣天秤意外奪去三條人命，砸碎了三個家庭，至今超過兩年了。家屬們一直努力地生活著、復原著，可是傷口實在太大，稍稍一點觸碰，就會流血不止。潘媽媽從沒有停止對26 歲兒子潘浩鈺的思念，每次說起，仍深深不忿意外無情地奪去兒子的性命。徐爸爸對兒子徐學培的思念，化作他追求知識和真相的動力。許家是我們最牽掛的一個家庭。在許文明離世後的一年，太太蔣惠也因肺癌與世長辭，遺下一對 8 歲和 5 歲的女兒。

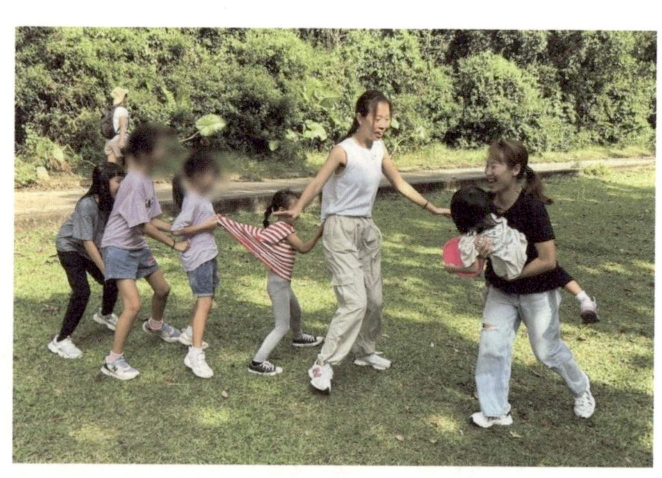

工權會同事的家庭和姐妹倆在城門水塘遊玩留影

在此之前，我們跟蔣惠都有著緊密的聯絡，蔣惠一直樂觀對待病情，以致我們沒有感受到她有很大的不適，直到她沒有回覆我的短訊，我於是直接上門探望，方知她的情況十分不妙，而她說不想入院。晚上，我跟她的家人說不行了，已經兩天不吃不喝不出房門，無論如何也要入院。入院後蔣惠的情況很差，昏迷了一天，但後來她逐漸好起來，我們都覺得奇蹟發生了，可是，當她出院回家大概一個星期，再次入院。這次，她沒有再起來。

第二天一早，我和梁金愛登門家訪，跟家人商量後事。大女兒問我：「蕭姑娘，為什麼我媽媽不是工業意外死的，你也會幫我們？」當時，我的心好像被針扎了一下，我緩緩地說：「我們幫的是一個家庭。」怎能不幫忙呢？社會上有更惡劣的事情嗎？又有誰不憐憫這對姐妹呢？

送她最後一程

今年 4 月，劉千石先生和我陪同姐妹倆和他們的姑媽，一起前往柳州安葬蔣惠。由香港乘坐高鐵再轉乘「動車」前往柳州，前後花了差不多六小時。路上，我問大女兒，想念爸爸媽媽會做些什麼？她說：「會哭。」(也只能哭）然後我們談東談西的，不覺間，自己的淚水也滑下來了……

出發前天氣預報說會天天下雨，到埗後一直陰天，儀式當天晴天有雲，加上微風，十分舒服。小女兒為媽媽送上糖果；

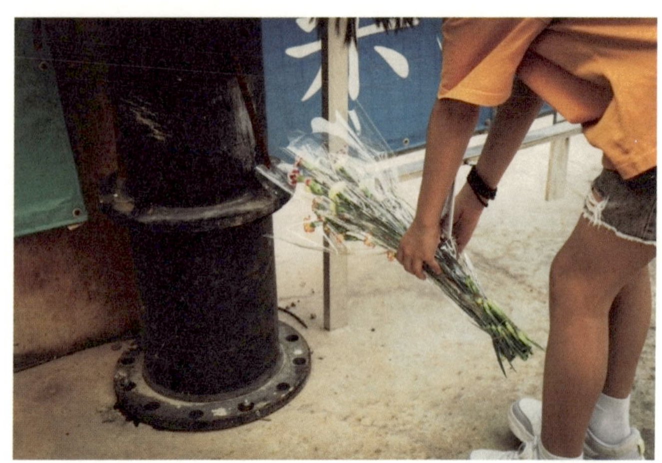

2024 年 5 月工權會活動後，梁姑娘帶姐妹倆到地盤外面獻花，以解思念之愁。

大女兒把要告訴媽媽的話在心裏說了。我相信蔣惠和丈夫會一直在天上守護兩位女兒和家人。

蔣惠最要好的朋友都參與了儀式，送上鮮花流著淚送別摯友，半年過去，仍依依不捨。他們握著我和劉千石的手，一直囑咐我們要好好照顧兩個小孩。

陪伴比任何事情重要，無論快樂還是悲傷，有身邊人陪伴已是幸福。蔣惠認為縱使有所缺失，面對命運安排下的必然定律，也只能接受。然而，我沒有惠的灑脫，對於一些人一些事仍會耿耿於懷。

現在，姐妹倆偶爾有情緒，但大部分時間都是穩定的，姑媽下班後常看望她們，了解生活和學習需要，跟她們談心。其實，姑媽也有自己的家庭，兒女需要照顧，實在不容易。我們只能盡量抽時間陪伴兩姐妹，梁金愛幾乎每個星期都帶她們去玩，除了減輕姑媽的負擔，還讓姐妹倆接觸不同的人和事。這個擔子很大很重，但是我們一定會盡力擔當起。請在天上的爸爸媽媽放心。

遇上高人 深感佩服

回家路上，我常看到一幅橫額，熟悉而溫暖。「同心實踐安全，維護生命第一。」這是蔣惠的墨寶。惠 2023 年年初獲一家建築公司邀請，寫下職業安全的標語，印製在該公司的橫額和工作服上，時刻提醒大家安全的重要。隨着惠的離開，每當我經過，都會駐足幾秒，當是懷念。

惠希望用她的餘生陪伴小孩，但她不溺愛，並一直訓練女兒獨立。因此，在欣賞粵劇的時候，她讓 8 歲和 5 歲的女兒自己上洗手間；參觀博物館的時候，把女兒安放在兒童玩樂區，並在約定時間準時返回。有一次，我在一個商場裡的遊樂場碰見小孩，和她們玩了一段時間，終於等到惠和朋友慢條斯理地走過來找孩子，整個過程，非常自然。當我還在為家中孩子是否要上洗手間、有沒有清潔雙手、是否吃得飽而弄得裙拉褲甩，惠卻一臉從容自在，讓我非常佩服。

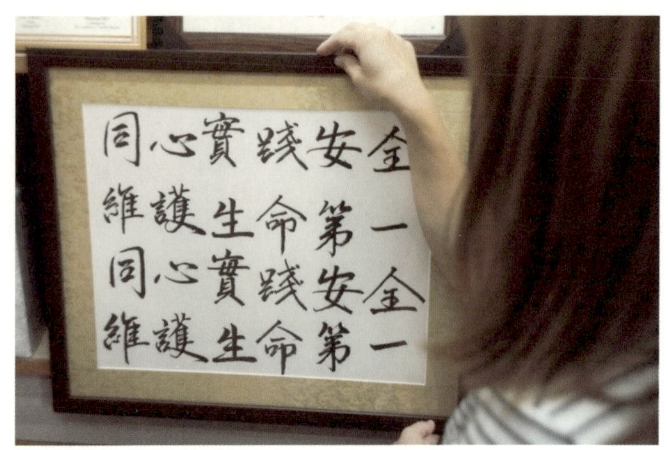

有建築公司邀請蔣惠寫書法，並印製在他們的工衣和橫幅上，提醒大家注意安全。這是蔣惠留下來的墨寶。

除了我們一般所形容惠是正面樂觀的人以外，她還是個「高人」。她的對事物的觀察、看法和想法都很獨特，很有自己的一套。2024 年年初媽媽組的陶瓷工作坊中，當所有人都埋頭做平面的作品時，她卻堅持做了個立體的魔鬼魚。當大部分人都覺得醫院的飯不好吃，她卻認為這是營養師調配出來，一定是有益和健康的，雖然口味清淡了些，但若在外面請營養師寫餐單要不少錢呢，於是她把眼前的粥津津有味地吃個清光。跟她談話就像聽哲學家講課，常常給我領悟和啟發。

她一直在學習，孜孜不倦。每件事情在她眼中都有學習元素，戲曲中心的設計如何形成良好通風、媒體的報導如何影響不思考的讀者建立某種價值觀……哪怕躺在病榻上，她也會在網上平台聽學者演說，聽佛道，增長知識。她和丈夫當年也是透過這個平台認識的，可見他們倆都是喜歡學習的人。

我問她為何能如此樂觀，她說她早已看透生死。兩次產前產後的抑鬱症，把她折磨得體無完膚；少年時一次意外，她從四層樓高的地方墮下，逃出了鬼門關，嚐過了瀕死的滋味，留下的是頭頂上幾道清晰的疤痕。她認為人生都是無法掌控的，死亡是必然的經歷，只能接受，不能逆天而行。

我最希望的是，兩位女兒懂得媽媽是一個如此值得大家敬佩的人，快樂健康地成長，在自己獨特的性格中也能活出媽媽的精神。

以往他看到工業意外的新聞，會有一種「感同身受」的感覺，自覺同情家屬，能感受他們的傷痛。徐少智現在才知道，當死去的是自己親人的時候，那種難受旁人無法理解，完全談不上感同身受。

•

第 2 章

徐爸爸——誰想知道喪事怎樣辦

陳惜姿

意外詳情

日期	2022 年 9 月 7 日
地點	秀茂坪安達臣道香港房屋協會地盤
死者	徐學培 (25 歲)，同一意外的死者還有許文明 (41 歲) 和潘浩鈺 (22 歲)
經過	地盤內一座重達 65 噸的天秤，底端突然與一邊工字鐵分離，整座天秤轟然塌下，壓著地盤內幾個貨櫃辦公室，造成三死六傷慘劇。25 歲工程師徐學培被困天秤底部七小時始被救出，但當場證實死亡。
家庭狀況	死者有父、母和一妹
法庭控罪	勞工處和屋宇署向共七間公司及八人提控，共涉及 76 項控罪。時任精進建築項目經理，35 歲簡浩楷被控三項誤殺，一名 72 歲外判工程師已離港正被通輯。
政府跟進	由於過往發生多宗致命工業意外，發展局於 2023 年及 2025 年分別拒絕向「精進工程」及「精進建築」續牌，兩公司不可再進行《建築物條例》下任何建築工程。

徐少智今年 62 歲，去年做了一個奇怪的決定，他報讀文憑試夜校課程，由中四讀起。班上老師都不及他年長，更別說同學了。他不是為興趣讀一兩科，而是中英數物理化學和中史整套課程，他打算以文憑試成績考大學。

自從 25 歲兒子徐學培 2022 年 9 月 7 日在安達臣道地盤天秤意外中喪命，他心情一直不能平復。他看見精進地盤一個只燒了兩行焊料的天秤轟然塌下，奪去三條人命，而公司東主竟未被控更嚴重的罪行，深深不忿。聽到人說這是根據普通法（Common Law）之做法，他壓根兒不明白 common law 是什麼。

怒火在心中悶燒，想哭也不輕易，既怕影響妻女，又怕鄰居聽到。獨自走到山上流眼淚，但始終未能大哭出來。怨恨無處發洩，他選上求學之路，算是有個著力點。在工廠工作幾十年，他在花甲之年由高中課程啟步，期望考到一張亮麗成績單，考入法律學院，以了解莫測高深的 common law。

這似乎是愚公移山的任務，他理想的境界，是白天讀法律，晚上在 IVE 讀建築，學習法律之餘也了解地盤運作。他尤其想知道燒焊的學問，他想知道害死他兒子那道燒焊有何問題。若非患痛風膝頭不能蹲下，他也會到職業訓練局學燒焊。

這是他克服喪子之痛的方法。

好端端一個兒子，就這樣離開了。

意外發生近兩年，徐少智仍未能釋懷。兒子的相片每天帶在身上，他的遺物如蛙鞋、球鞋和筆袋都沒有丟。法庭送來五千頁文件，有很多口供紙和報告，徐爸爸一一儲存在電腦裡，電腦也是兒子留下的。人雖已離開，但關於兒子的事情仍縈繞著他，一事一物都令他神傷。

錐心之痛，他從沒跟太太提起，怕她的反應一發不可收拾。一家人都把心事憋在心裡，跟女兒亦沒就此交流。沉默沒有治療傷痛，被壓抑的痛苦無處發泄，他連大哭也未曾試過。

「我應該大喊一場會好一點，但我去不到那個階段。」

徐少智上夜校留影

攝於 2023 年 3 月，意外當天的天秤腳留在地盤外面的位置。

事發現場

2022 年 9 月 7 日早上 10 時許，安達臣道房協地盤一個 10 米高、30 米長的天秤突然從基座斷裂塌下，壓到多個貨櫃辦公室。徐學培被困於天秤壓著的貨櫃，七小時後始被救出，救出時已證實死亡。

徐爸爸最初收到消息說兒子是傷者之一，立即趕到聯合醫院，聽說傷者被送到聯合和伊利沙伯兩間醫院，他用兒子的名字在兩間醫院拼命找也找不著。他在聯合遇上潘浩鈺的母親，她已認出兒子的遺體，但徐學培仍未見蹤影。及至下午 4 時，徐爸爸才知道地盤仍有人被搶救中，懷疑是他兒子，便乘建築公司車回到地盤。

盯著偌大的地盤，心情七上八落，現場傳出每句說話都觸動他神經。

> 「他們說上面（山上的地盤）搶救緊，我以為搶救的意思，是他仍是生還的。」

那人被困在貨櫃裡，消防員看見他下半身，救援過程卻極困難。其間徐爸爸聽到消息，他是被壓著下肢的，沒反應，也沒有動作，又令他胡思亂想。

> 「如果那真的是我兒子，他生存下來，可能比死更慘。一個事業剛上位的人，剛剛轉正式工程師，如果他被壓著下肢，沒有活動能力卻有知覺，他下半生一定很慘。我們已到這年紀，還能照顧他多久……」

眼前的地盤一片狼藉，被壓得變形的貨櫃橫七豎八。徐爸爸的腦袋有時活躍，有時空白。他盼望被壓著的不是自己兒子，又或者，消防看到的只是幻象，實際上他沒有被壓著，只是在裡面暈了，救出來時是完好的。

這些飄忽的思緒，在傍晚 6 時許，隨著最後一名工人被救出來時煙消雲散。他是工程師徐學培，在當場證實死亡。

兩行焊料

幾小時凝視慘劇現場，徐少智定睛看著天秤斷裂的位置。

> 「我看到天秤的底部，隱隱約約有兩行鋸齒紋的東西，但其他地方沒有，又沒有螺絲。」

天秤重達 65 噸，底部連接兩層工字鐵疊加在地面基座上，工字鐵之間以燒焊物料黏合。他難以理解，如此重型的裝置，怎可能只靠底部兩行燒焊承擔拉力？

以前在工廠工作時也涉獵過燒焊工作，訪問時他花了長時間質疑天秤的結構和這兩行焊料，沒有破口大罵，卻是咬牙切齒的憤怒。

天秤腳燒焊痕跡

「在我來講，這根本不是意外來的。一個這樣加工形式的東西，不倒塌，是旁邊的人好彩，在我看來，它一定會塌的，只看它幾時塌，如何塌。」

肇事的精進公司，在安達臣道意外前一年（2021 年 9 月），在屯門掃管笏帝御金灣地盤亦曾發生天秤意外。當時樓宇建築工程已近完工，天秤突然下彎，撞向大廈的棚架，幸無人受傷。徐爸爸認為天秤意外接連發生，公司一定出了問題。

「試過幾次沒事便繼續做，心存僥倖，怎料今次就出事。」他認為當時政府若徹查，就不會有下一宗。

安達臣道地盤天秤意外，勞工處和屋宇署向共七間公司及八人提控，共涉及 76 項控罪。時任精進建築項目經理，35 歲簡浩楷被控三項誤殺，一名 72 歲外判工程師已離港正被通輯。

案件還未開始正式審訊，都是過堂居多，但徐爸爸大都會到法庭聽審，目的是想知道案件的發展，和「看看那些人的咀臉點解會咁衰格。」

他對沒有更高級的負責人負上刑責，並不服氣。天秤安裝得如此輕率，他覺得更像是謀殺。

感同身受

訪問時徐爸爸有種壓抑的氣場，他就是憤怒時也只會嘆氣和苦笑。

談到兒子，終於有點歡顏。他用「平淡」二字形容與兒子關係，最懷念的一幕，是兒子小時拿著一部玩具相機到鑽石山荷里活廣場，裝模作樣地拍照，徐父也假裝被他拍，「佢傻更更我又傻更更。」

除了這一次，徐爸爸腦袋裡關於兒子的記憶不多。他每天工作十二、三小時，做工廠時要上大陸，做保安時長期當夜班，太太白天工作，二人輪流照顧家庭。一對子女跟母親較親近，他扮演嚴父角色，尤其兒子小學時讀書不用功，他打得頗厲害。兒子在家的說話不多，都是打遊戲機。

「他在家裡比較靜，你叫他做的家居維修，他會做，但要講到深入交流，就冇嘅。」

與兒子關係不親密，但他離去後，為父的痛苦無法形容。

「有些感覺不懂得說，失去的那種東西，我表達不到。是你想搵個人同你嘈，都搵唔到。除了傷感之外，還有一種空虛感。」

兒子意外身亡後，徐少智決定重返校園進修，希望將來修讀法律，對推動職業安全作出貢獻。

以往他看到工業意外的新聞，會有一種「感同身受」的感覺，自覺同情家屬，能感受他們的傷痛。他現在才知道，當死去的是自己親人的時候，那種難受旁人無法理解，完全談不上感同身受。

「我以前知道很難受，但原來那種難受我感受不到，

就算我用刀插自己一刀，都不是這一種痛。」

安全意識

徐少智 13 歲小學畢業後，借兒童證開始到土瓜灣的永勝恤做童工，是勞工處來巡查工廠要「走鬼」那種舊香港光景。工作近五十年，做過玩具模具、塑膠機廠、五金廠。他在塑膠機廠當學徒時，也曾遇上工業意外，他的前臂卡在鑽床上，鑽床一直轉動，幸好及時停了，否則不堪設想。「再轉半個圈，我隻手就廢了，或者會冇命。」

他從小培養兒子安全意識，如果他玩櫃門，他便把手卡在門邊，假裝用櫃門夾他的小手；若他玩熱水壺，他又用水壺熱他一下。

兒子在 IVE 獲得高級文憑，花六年時間拿到電工牌，家裡有電掣要維修由他負責，若不能關上總掣，徐爸爸都會叮囑兒子小心。

兒子做地盤，他有沒有反對？

「他主要做電的部分，我估計他接觸的部分不應該太危險，最多是在地盤踩到釘。最重要是小心留意，如果前面有人吊東西，你就走遠一點，在地盤事事多加留意，會減低危險情況。」

在工廠工作多年，聽過不少工業意外，自己也曾遇到，他自問對這些事接受程度頗高。唯獨是兒子這次不一樣。

「他走不是主因，而是這樣走法。一個這麼差的設計，一個如此不負責任的工程。如果是天秤吊重物鋼索斷了他被壓著，我反而較易接受，那始終是疏忽。但現在不是疏忽。」

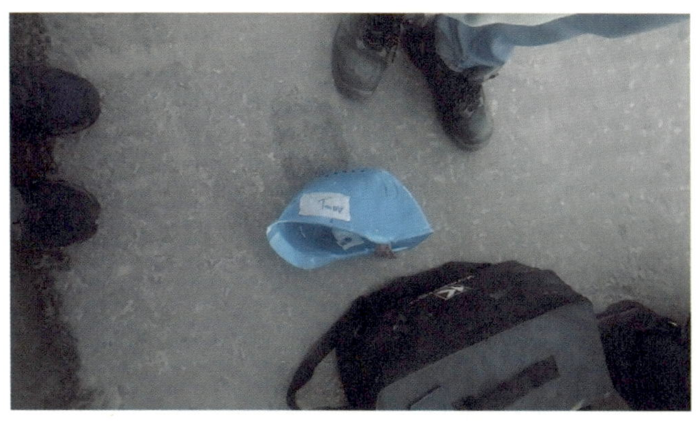

徐學培被救出後摘除下來的頭盔

夢想之旅

如果兒子沒發生意外，徐爸爸應已遠赴西藏。

這是他近年的夢想，兒子事業穩定下來，他也退休了，他計劃獨自背包遊西藏和新疆，那是幾個月的旅程。看糖妹在youtube介紹西藏旅遊的影片，令他神往不已。

但兒子離去後，他人生的重點不同了，案件一天沒審結，他的心情一天無法平復，夢想之旅便先擱在一邊。取而代之是進修之路，用愚公移山之志，從中四讀起，希望有一天能讀法律和建築。計劃極其漫長，就算成功，那時他已70歲了。

> 「漫長唔緊要，我希望能完成。就算完成不了，我希望決定終止時，是我做的決定，而不是它自然終止——即係我死了。」

他一直是努力的人，以前曾花8年進修至高級文憑程度(3年證書、3年高級證書、2年高級文憑)，讀的是工程管理。現在從頭再來，以中文讀文憑試課程，卻打算以英文赴考，因為要讀法律，他認為用英文考公開試較好。

那是難上加難的一關，他滿臉狐疑的問筆者，為什麼氯化鈉變成英文後，二字會前後倒轉變成 sodium chloride ？概念上是否有分別？（筆者不懂回答）

苦心孤詣學法律，難道要控告誰嗎？不，他只是希望增加了解。

> 「我想了解，為什麼有人做出這麼差的事來，人們還說很難找證據去告，這是什麼法律來的？我不知原因，因為我不是法律界。我希望明白以後，能平衡心理，弄懂我現在認為很不合理的事。」

他也希望像工權會的幹事，能在其他工業意外家屬有需要時提供協助，用知識幫助別人。

他以前不認識工業傷亡權益會，就是聽過也沒記住。他回想兒子遇到意外後一大堆人撲向他，令他不知所措，也擔心有人發死人財，所以步步為營。工權會總幹事蕭倩文問他拿兒子身分證號碼時，他也很猶豫。

「誰想知道喪事怎樣辦，誰想知道（死亡）證件要怎樣拿？我由始至終都不想知道。」但悲慘畢竟發生了，要面對現實，亦了解到工權會幹事「不是神棍」。

> 「我完全沒有經驗，也沒這方面知識。在極度混亂的情況下，有人在旁邊給我一隻手，帶著我行，家屬才做到應該做的事，這其實幫到很多人。」

現在徐爸爸是工權會「爸爸組」成員，認識有同一遭遇的爸爸，有時一起去法庭聽審，互相扶持。

謝欣然姑娘與徐爸爸交談留影

那個混亂而傷痛的下午

工業傷亡權益會總幹事蕭倩文

近年我很少寫下意外跟進的過程，既沒有太多的時間，也不想刻意回憶這種傷痛。但原來，傷痛和殤痛都必須要時刻記住，才能喚起大家的關心，並長期警惕我們要做好職業安全，要關懷死傷者家屬。

2022 年 9 月 7 日上午，我在金鐘的會議差不多結束，正準備出席下個會議，卻收到秀茂坪天秤倒塌導致多人被困的消息。我立即跳上的士前往意外現場。到達安達臣道後，往山上的路已封，只能步行前往。走過大大小小正式和非正式的路，終於抵達現場。那時大概中午 12 點。

我邊在現場等待，邊跟分別趕到聯合醫院和伊利沙伯醫院的同事溝通聯絡。由於現場與醫院的資訊非常有限和不準確，其中一位家屬花了不少時間才輾轉認出親人，更有家屬即使一早身在醫院焦急等待，實際上卻去了錯誤的醫院等待錯誤的消息。可想而知，在這樣的思緒下要面對殘酷的事實有多難！

我在意外現場不斷追問警方及承建商等，希望儘早確認死傷者消息。終於得知最少兩名工友不治，一人已送到醫院，另一人還在意外地盤內，尚有第三人仍在拯救中。不過，確認死傷的身分已是幾個小時以後。

身處醫院的同事著家屬到現場與我會合，我陪伴他們到了遺體旁邊。有人一手把手上的安全帽扔走；有人抱著遺體痛哭；有人默默地站在那裡流淚……這時候，如何強大的人，都難免倒下。

我送走了這家人，迎接隨著同事梁金愛陪伴而至的另一個家庭——徐學培的父母和妹妹。我們一起在現場守候尚在拯救中的學培。天已黑，我們站在封鎖線後面，傳媒的鏡頭都被救護車擋著，我們知道學培即將從頹垣敗瓦中被移送至平整的地面。此時，警方阻止我和梁金愛繼續前行，堅持只讓家屬上前查看被救出的學培。我們只能眼睜睜看著家屬先慢慢步前，再隨即轉身走開。是不忍多看一眼家人的慘狀；不想再多一會的逗留。數個小時的等待，曾在絕望中抱有一絲希望，繼而失望，這樣的狀態最使人難受和心酸。

目送家屬離開後，我們在意外現場的工作算是暫告一段落。我和梁金愛摸黑走下山時，才驚覺自己的腿已十分酸痛麻木。原來我已整整七個多小時沒有坐下，連午飯都錯過了，身體卻沒有甚麼難受的感覺。當我們在就近的食肆等待晚餐的飯菜時，各自懷著複雜的心情，沒有太多的說話。

前往出事地盤的路

陳雄略慨嘆：「請個大律師，能打贏官司最好，敗訴的，罰少少錢，金額很濕碎，是工程費的幾多萬分之一，當作雜費報銷就可以。」

人命一條，罰款輕得如可報銷的雜費。

第 3 章

陳爸爸——毀。滅。性

陳惜姿

意外詳情

日期　2023 年 9 月 10 日

地點　科學園

死者　陳卓鈞 (38 歲)

經過　電工學徒陳卓鈞於科學園生物科技中心二座天台機房，進行與安裝太陽能板有關的電力工作時懷疑觸電，送院後證實不治。

家庭狀況　陳為獨子，有一父一母。

法庭控罪　被控的四間公司是兩間大判、一間二判，還有另一間三判公司天揚工程，各被控八項控罪：

1. 沒有採取措施以防止發生電力危險
2. 沒有確保於圍封或圍繞的範圍以訂明的格式設有與展示告示
3. 沒有在有人對儀器進行工作時採取預防措施
4. 沒設有及展示告示
5. 沒有設置防護設備及保持該等設備在良好狀況，以供使用
6. 沒有確保獲授權人進行工作
7. 沒有向處長提供資料
8. 沒有在引致死亡的意外發生後 7 天內作出意外報告

陳家被拒於意外現場招魂，只能在門外進行儀式。

兒子在科學園工作時觸電而死，對陳雄略夫婦是毀滅性的打擊：「你直情寫下這三個字——毀滅性。」他形容沒有一件事比這更恐怖，早上兒子上班前還跟他打過招呼，不過幾小時後，中午就收到警方通知，說卓鈞死了。

失去獨子令他身、心靈受創，苦受失眠困擾，體重已下降十多磅。叫他更焦慮的，是一年多以來的折騰。三判否認是卓鈞的僱主，逃避責任，令他氣難下。勞工處人員的調查不盡如人意，反要他提供資料指證僱主。為了尋找證據，他奔走於銀行和政府部門之間，每一步都艱難。種種煎熬，是另一種持續的傷害。

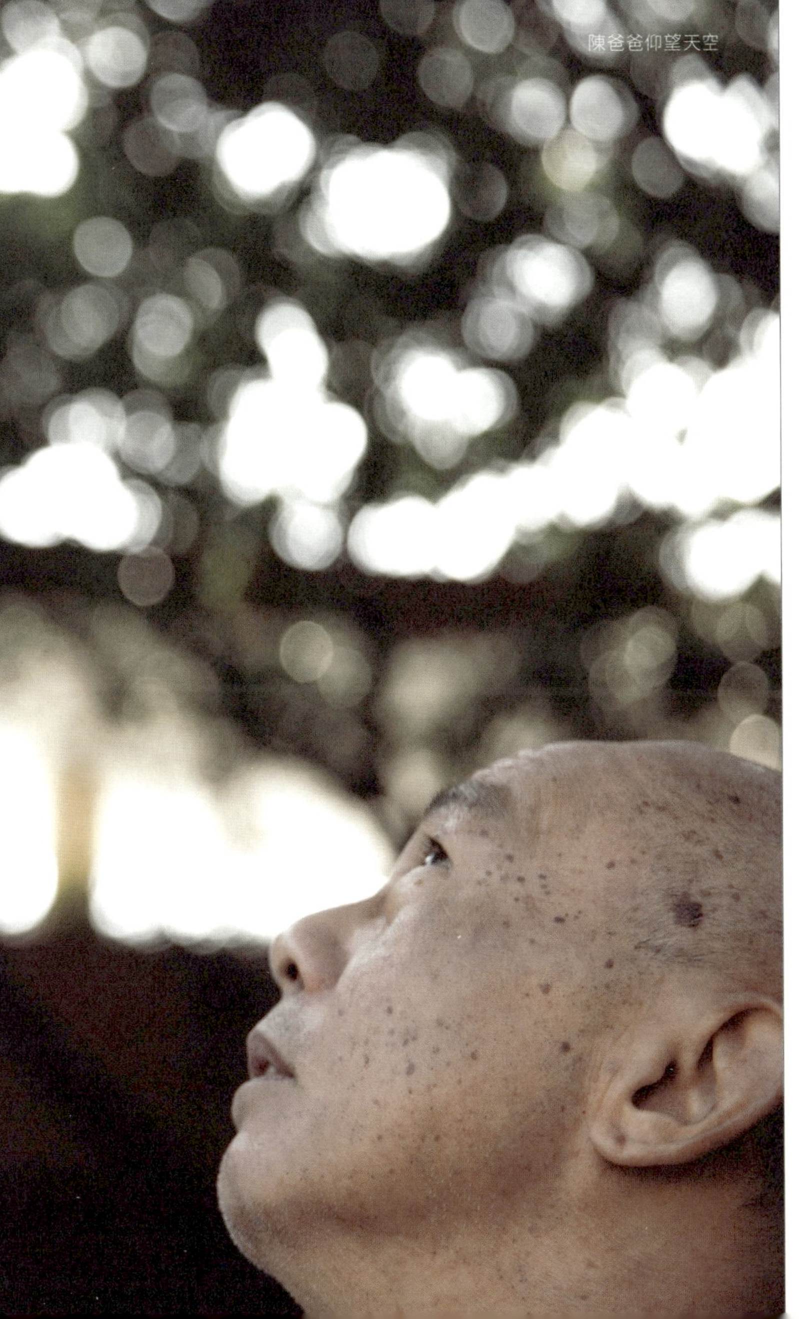

一個像旱天雷般又急又猛的消息，劈在陳雄略平白無事的星期天中午，警員登門時，他正在廚房。警員問：陳卓鈞住這裡嗎？他回答：是。警員又問，家中還有什麼人？陳回答：我和太太，連同兒子三個人，我們一家三口住這裡。警察說：你和太太立刻換衣服，跟我們到威爾斯醫院。

幾乎所有工殤家屬的故事，都是這樣毫無心理準備下開始。

陳父赴院途中心裡盤算，最多是弄傷吧，沒想過會「去到咁盡」。到達威爾斯急症室，說出兒子名字後，護士請他們先坐下。他暗忖：為什麼要坐下？你帶我見兒子不就行了？護士再叫他們冷靜一點，陳卓鈞已離世了。

太太立即大喊，情緒已經失控。護士帶他們到一個房間，裡面的鐵床上，一塊白布蓋著一個人，陳父當時仍感疑惑。

> 「不是的，不可能的，他今早上班前還跟我打招呼。
> 我還問：星期日都要上班？他就出門了，好端端的，
> 每天都是這樣。」

醫生請他認一認，那是不是陳卓鈞，然後慢慢掀開白布，及至胸口。「我看了一下，真的是他，真是他，真是他。」他重覆了三次，但仍難以置信。

「這感覺實在太恐怖，只是幾小時，出門上班至十二時多，幾小時，點解忽然會冇咗個仔？我接受不到，沒可能。」

陳推一推兒子的肩膀，說：「起來吧，快起來，不要睡，要睡回家才睡，起來啦！」他不斷推兒子的肩膀，感到他身體仍是暖的。

醫生說：我們盡力了，已打了四支強心針。

陳父站在兒子的左邊，把白布再拉開一點，看到他瘀黑色的手和前臂，他按下去硬硬的。

「還有他的臉孔，也是瘀黑色的，是『監生電死』的結果，你話幾恐怖。」

雖然他和太太的腦袋已亂作一團，但他仍清醒地懇求醫生，為兒子作最後一次急救。他的想法是，兒子身體還是暖的，可能只是剛剛離世，或者靈魂還在。若他知道親人來了，會不會有反應？但醫生不允，說已經盡了力。

生活完全被打亂

66 歲的陳雄略之前是低級公務員，工作三十多年，退休後打算輕鬆過日子。太太 64 歲，亦已退休。訪問裡他多次重覆「頂唔住」、「冇可能頂得住」。兒子遽然離世，對夫婦倆是沒頂之災。

> 「最初那段時間，晚上有時有幻覺或者幻聽，覺得他的房間有聲音，小小的聲音。當聽到鄰居或者誰開門開鐵閘，自然地看看自己家的大門，看兒子是否回來了。偶然會聽到他喊了一聲爸爸。」

意外一年多以來，他沒整理過兒子的遺物，卓鈞房間裡的衣服、鞋子、玩具、模型原封不動，太太進去打掃時，仍偶然會飲泣。在電視看到可愛嬰兒，想起兒子小時候，又開始流淚。

> 「最難熬是晚上，一晚如此的長，怎捱呢？所以我們在晚上盡量令自己累一點，一直看電視，不管看到什麼時候，兩點半、三點半、四點半，希望倦極能倒下睡一會。」

失眠一直困擾他至今，無論晚上睡得多差，白天都睡不到，健康愈來愈差，已經瘦了十多磅，記憶力愈來愈差，也沒有胃口。他本已有長期病，每天要吃三種藥。因失去兒子而來的情緒困擾，又造成其他健康問題。

生活的規律完全打亂，傍晚買餸煮飯，以往煮的是三個人的飯菜，現在只有兩人，不知怎樣煮，煮得多又吃不完。現在大多買飯盒，但就是坐在飯盒前面，也是吃不下。

「不要跟我說『正常』二字，現在都沒有了，這叫毀滅性，你直情寫下這三個字——毀滅性。它影響你的心理、生理，你的日常生活、你的娛樂、你的工作。」

他本是作息正常的人，每天根據時間運行做不同的事，但現在他和時間之間失去了連繫，生活全被搞亂。

「三更半夜，我睡不著；吃飯時間，你放飯盒在我面前都沒用，我吃不下。」

僱主反口不認僱傭關係

兒子之死，在他看來是不明不白、充滿疑問的。意外發生這一年多以來，他一直追尋真相。

「我兒子是怎樣死的？他是在一個巨型的、一個人那麼高的電箱裡面，監生電死的，你說多恐怖。」

出事當日，一個姓林的人打電話給他，說是陳卓鈞的老闆。那時意外剛發生，陳雄略覺得對方受驚，說話比較坦白。

林的公司名叫美明工程，他說，卓鈞當時要入電箱「甩條電線」出來，卻不知那位置有電。林當時在旁邊的電箱工作，看不到陳，突然聽到陳卓鈞呼吸聲很厲害，跌倒在地，於是便拖他出來，致電報警。

「他應該沒說出所有真相啦，但那一刻說的至少比較真實。」

意外後大判、二判和三判美明工程的林某一同跟陳父談恩恤金安排，齊集陳家附近一間酒樓開會。工權會幹事謝欣然在場，她說林當時透露，事發當日他在一號電掣櫃工作，卓鈞負責傳遞工具。期間，有另一間公司天揚工程名叫「阿森」的人叫卓鈞幫手，卓鈞便到了二號櫃，但那裡電力未關，他就在那裡出事。

陳雄略極想知道整個真相，最希望當日所有開工的人坐在一起談一次，「攤出嚟講」。多次問勞工處，對方總說在調查中，不便透露詳情。致電「阿森」和另一在場人士「阿鵬」，對方一聽到他是誰，立即掛斷電話。

作為死者的父親，他想看看兒子出事的地點，也是人之常情。可惜意外幾天後到科學園路祭時，一行人已到達天台，那個發生意外的電掣櫃就在門內，園方的人就是不肯開門，只容許他們在門外路祭，叫陳父耿耿於懷。

過了幾天，美明工程的林某忽然說要拿糧金給陳父，那是卓鈞薪水的尾數。自那天後，林便完全反口，不承認自己是陳卓鈞老闆，他沒有聘請他打工，彼此只是一起開工的工人。如果陳父要追究的話，應該找二判，或者大判。大判是上市公司，「大把錢」。

「我從來沒跟他說過錢這回事，你給我錢沒用，我冇咗個仔呀！如果錢可以解決的話，我給你吖！現在的問題是有人推卸責任。」

過了一段時間，連勞工處都聯絡不上姓林的。勞工處人員說寄信給林沒回覆，電話又沒有接，反問陳爸爸有沒有關於林的資料可提供。

陳失笑，哪有政府調查人員向家屬求助之理？

「我說，你們是調查員，你們有多年工作經驗，不是那人說自己無罪，便真的無罪。有哪個犯罪的人會承認自己犯罪呀？」

「你們若是無能力追查，不如交給警方吧。警察才有權叫他回來問話，不像你們，人家不理你你就『冇符』。」

他認為勞工處調查的手段，跟警察調查的手段相比，是天淵之別。勞工處無權拘捕人，警察有權。警察捉賊入警局，「賊人會腳軟」；由勞工處來查，對方不合作，「唨你都傻」。

「勞工處在這件事上也做了很多事，我很感激他們。但問題是他的權力限制了他的做法，他想這樣做，但沒權力去做。」

千辛萬苦尋找證據

雖然氣上心頭，陳雄略還是盡力為勞工處尋找資料，奔走於銀行和政府部門之間。他最不忿的，是林反口否認自己是僱主。陳卓鈞只是電工學徒，未有電工牌，替林工作不過三個月。林出糧給他，怎會不是他僱主？

「他說他只是代支出糧給我兒，是二判給他工程的錢，他才分給其他人。」

陳父在卓鈞的遺物裡找不到工作證，也找不到糧單，要證明林是卓鈞僱主不容易。他面對工殤遺屬普遍遇上的問題——未能開啟死者的手機，也就無從了解兒子生前工作的種種細節。他唯獨找到一條線索，他在兒子的書桌上找到一張銀行入數紙，是兒子把美明工程給他的支票，透過櫃員機入數的證明。支票上有公司印章，也有林某簽名，或可作為僱傭關係的憑證。

但是銀行因私隱問題，把簽名部分劃上一條粗黑線。陳父多次到銀行求助，向職員解釋，那條粗黑線遮蓋了最重要的資料，他甚至寫了一封信說明前因後果，銀行經理深表同情，卻因陳父沒有卓鈞的死亡證和遺產承辦書，未能幫忙。

因意外致死的個案，要待警方向死因裁判官呈交報告，以決定是否需要剖驗、調查或研訊，以裁定死因，裁判官裁定死因後才會簽發死亡證。陳爸爸心急卻急不來，等了一整年才拿到死亡證，有死亡證，才能辦理遺產承辦書。兩項文件到手後，陳父立即衝去銀行，千辛萬苦，終在 2024 年 11 月獲得那張除掉黑線的支票副本，又立即把這重要證據交給勞工處。

陳爸爸到沙田裁判法院，旁聽兒子案件

可惜，在意外後九個月，即 2024 年 6 月，勞工處人員通知他限期已到，案件要交律政司。律政司其後控告四間公司各八條罪，八項控罪相同，其中包括「沒有採取措施以防止發生電力危險」。四間公司是兩間大判、一間二判，還有另一間三判公司天揚工程，美明工程不在被告名單上。

陳雄略被悲傷加上憤怒夾擊，當勞工處人員通知他律政司入稟一事，他想，勞工處人員一定以為他滿心感激，誰知他即時質問對方。

> 「那八條罪的內容，只是違反安全，沒有誤殺，不知所謂。告他們『沒設有及展示告示』，你咪告囉！罰得幾多。這些都是作狀，很輕的罪，我下次叫伙記放好個雪糕桶就是了。」

雖然卓鈞發生意外的二號櫃的負責公司天揚工程已被告，但陳爸爸覺得，帶卓鈞到科學園開工的人，即美明工程的林某，有責任保障他的安全，他這一年來就是希望尋找證據，證實林有責任。其次，科學園是出事現場，有人在裡面開工，園方應該派保安員來監督，發生致命事故，亦難辭其咎。他渴望法庭還他一個公道，但開審日期一拖再拖，由 2024 年 12 月又延至 2025 年 2 月，無止境的等，真相遙不可及。

判刑過輕變相鼓勵老闆

「我這次接受你訪問，最重要想說明一件事——莫說死人，就是斷手斷腳都不要再發生了，因為我親身經歷到，那種毀滅性是多麼嚴重，人是受不住的。我聽過有工傷家屬即時暈了要入急症室，甚至一段時間後死了。」

「無論是工人，或者帶人去開工的工頭，或是老闆也好，工作態度要認真——就是這兩個字。大家要認真對待這件事，不要聽過就算，不要看到新聞說哪個地盤出事，多少人不幸死了，看了像沒看過似的。」

「如果每個人都是認真的，無論那些工人你認識與否，大家都有防備，有安全意識。帶人開工的，有責任帶他收工，要注意工作環境是否安全。」

目前法庭對工業意外的罰則不高，經常是判罰款了事，金額也不大，令他很沮喪。人命一條，罰款輕得如可報銷的雜費。

「請個大律師，能打贏官司最好，敗訴的，罰少少錢，金額很濕碎，是工程費的幾多萬分之一，當作雜費報銷就可以。所以這些事不停發生，間中一宗，間中又一宗。你看以往的案例就知道，罰款金額少到你唔信，少過律師費。」

就算是之後的死亡補償，勞工處規定某個年齡的工人獲賠幾多個月的月薪，像他兒子，每月開足工只是賺兩萬多，40 歲以下身亡，賠 84 個月月薪。

「你乘一乘便知道實際賠多少錢，有什麼用？老闆怎會驚？罰則太寬鬆，變相鼓勵老闆，遇事不用怕。」

他認為唯有加強罰則，或直接吊銷牌照，大家才會認真一點。

感激工權會

這一年多的波折裡，陳雄略感謝「非親非故」的工權會謝姑娘和陳先生，由出事第一天在威爾斯醫院開始，一步一步協助他度過每一關。兒子後事的每個步驟，由醫院殮房到殯儀館到火葬場，都要在限期前完成，不能因為他心情不好或健康不佳而延遲。申請死亡證、遺產承辦、法律援助…若不是工權會幹事一直從旁協助，他根本不可能懂得做。

「他們不但教我做，還跟我一起做，我非常感激他們。他們有善良的心，幫助出事的家庭，難能可貴，全世界沒多少這樣的部門（組織）。他們不涉及任何利益，我請他們飲茶，他們都不去。非親非故，都盡心盡力幫我。」

為此，他寫了一封嘉許信給工權會。

平時工權會搞的活動，他大多參加。幹事把家屬組織起來，成立「爸爸組」，爸爸們會就彼此的案件審訊，結隊到法庭聽審，彼此支援。

「出事的人，有人關心是很重要的，就算只是電話慰問一聲，或者 whatsapp 打幾個字來問候，已經很好。」

工權會其餘的活動，像法律講座、中醫調理身體講座，甚至是盆栽班，都令他感覺輕鬆一點。

在這訪問系列裡，陳先生是最新近的遺屬，訪問距兒子意外日期只有一年兩個月，傷口仍在淌血。他也自我安慰，說要待時間來沖淡，只是不知要用多久。

工權會總幹事：蕭倩文姑娘

各位幹事、精英大家好，得知工…

正所謂：在家靠父母，出外靠朋友…

悲痛欲絕，腦內空白一片，無助，幸得工…

生主動在旁安慰，陪伴在側，並協助處…

工權會及香港公益金在經濟…

得以在痛苦之際，渡過難關，大恩大…

現工業傷亡權益會有志為助…

的籌款活動，懇請全港各界善心人…

以表嘉許。

僅此

意外後，陳爸爸寫給工權會的親筆信

辦辛籌款活動，本人深表讚同。

記得當天驚聞噩耗，在医院痛失愛兒

兩位幹事，謝欣然姑娘、陳珏軒先

兒的身后事。

我籌集資金，以解燃眉之急雪中送炭

感激不盡。

牽的受害者及其家屬，開展極具意義

盡綿弱小鼎力支持，以助一臂共襄善舉。

頌

陳耀明 上

7-12-2023

一支煙的時間

工業傷亡權益會幹事謝欣然

第一次陪陳爸爸抽煙，是意外發生後的第六日。那天我們行程緊湊，計劃一大早與公司會面，下午到事發地點科學園做路祭招魂，然後到道堂安放牌位。

面對公司的代表，陳爸爸怒不可遏，痛罵了大半個鐘，在旁的我不禁捏一把汗，擔心他情緒太激動會影響身體。會面差不多兩個小時才完結，我們趕急前住下一個行程，途中，我忽然想起，家訪時曾聞到一股煙草味，便停下腳步來，大膽向陳爸爸建議：「陳生，不如一齊食枝煙，定一定神先？」

一支煙，令陳爸爸得到喘息的空間。

陳爸爸聞言，露出狡黠的笑，那緊繃的肩膊終於放鬆了一點。

此後，抽煙的動作便成了我們的暗號，在這段漫長得幾乎令人看不到希望的追討公義之路上，建立起彌足珍貴的「呼吸」空間。

陳爸爸的焦躁和憤怒，有時令人難以招架，認識他一年多了，我才慢慢理解到，那是一種怎樣的情緒。

有次我們與勞工處開會，陳爸爸以一句異常浪漫的說話總結他的動機：「我做咁多嘢，都係希望再次去墳場拜祭時，可以俾家人一個交代。」當時我們並排而坐，我無法看到他的表情，我想像，他說完這句話時，大概是抿著嘴，望向天，緊皺的眉頭下，是一雙帶有童真的眼睛。光的折射有時會令人以為是淚盈於眶。

滿溢的情緒，是源自於他想做好作為父親的本份，但眼前的現實一直也未能給予他肯定的回應。他常擔心，會不會有事情做漏了？這一步是不是做遲了？那個決定會否做錯了？為什麼做了這麼多、等了這麼久，還未有結果？當我向他解釋程序需時，有些擔心是過份憂慮了，他便會露出那個表情，望向天，皺著眉轉動眼珠，好像在嘗試消化我說的話，又仿佛繼續存疑。

於是，我們總會圍繞著同一個問題來回好幾次，數個月甚至是一年，有些問題仍然在原地打轉。

他是不是在白擔心呢？我重覆的回答，又是否毫無意義呢？

偶爾沮喪時，我會回想起自己經歷過的憂鬱期。確實是會這樣的，即使明明知道，有些事情已經過去了，應該要向前走才有出路，然而，某些深刻的場景總是猝不及防襲來，讓人陷於自我懷疑之中，駐足難前。

陳爸爸以「毀滅性」來形容那場意外對他兩夫婦的打擊，此言非虛。當天在醫院接觸兩老，陳媽媽停不了的哭聲、陳爸爸抱頭哀號，就是天塌下來的感覺。連我這個非親非故的人都記憶猶新，難以想像，為人父母者，需要多長時間才能夠走出陰霾。

就在如此無力的情況下，每一次需要陳爸爸站出來時，他還是抖擻精神，想做一個準備充足的人。

記者到家裡採訪，他在飯桌上擺放好親筆書寫的文案，包括從僱主那裡聽來的事發經過，意外現場的示意圖，大判、二判、三判的公司名、負責人和聯絡方法， 那架勢無異於我們平時開記者會的場面。

一切努力，都是為了替兒子討回公道。

有天，他發信息跟我說，每日不停整合資料，希望有助勞工處或警方調查，又被逼不停想起當日發生的事，又要去不同的政府部門辦事，又要覆診，非常疲累。我說，調查的事，勞工處會做，著他好好保重不要太勉強自己。他回答道，作為父親，我沒有別的選擇。

或是緣份使然，這幾年我跟進的個案裡，有幾位家屬都是類近的背景：白頭人送黑頭人，而作為父親者，都是意氣難平，想盡力為兒子爭取公道。我們將幾位爸爸組織起來，介紹他們互相認識，希望同路人的身份可以令他們敞開心扉，疏解心結。

撰文之時，勞工處檢控僱主的案件開始審訊了，可惜，九月和十二月兩次開庭，僱主都申請押後，陳生夫婦兩次都撲個空。幸好，兩次我們和爸爸組成員都有到場陪伴，儘管路還長得很，至少他們不會孤單。

謝欣然姑娘陪同陳爸爸步入法院

不知菲律賓語言裡有沒有「否極泰來」這個詞，Janet 用了幾次“We are blessed”來描述自己一家的處境。

第4章

Janet——我要子女做香港人

陳惜姿

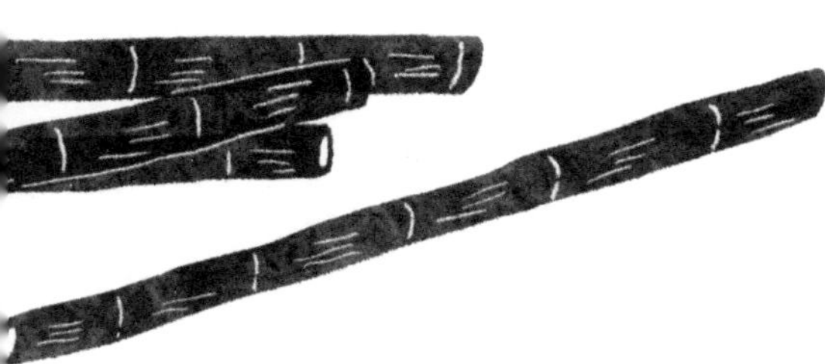

意外詳情

日期	2022 年 12 月 13 日
地點	何文田加多利山
死者	Mohammad Shahzad （42 歲）
經過	巴基斯坦裔棚工 Mohammad 為一幢豪宅修葺外牆，負責在棚架上遞竹枝。首日開工，在中午時分正要從棚架爬下來吃午飯，不幸從三米高棚架墮下，傷及頭部昏迷，送院搶救後不治。
家庭狀況	死者遺下菲律賓裔妻子 Janet 和三名只有八、六、四歲的子女。
法庭控罪	涉事承建商優能發展有限公司被控違反《工廠及工業經營條例》及《建築地盤（安全）規例》，被判罰款 8.7 萬元。

一宗不起眼的工業意外，發生在九龍傳統豪宅區加多利山。一幢獨立屋有搭棚工程，在棚架上負責遞竹枝的 Mohammad Shahzad，從三米高棚架不幸墮地。他頭部著地，撞到平台的欄杆，42 歲的生命就此結束，像一顆微塵無聲掉下。

每個爸爸的離去，對家庭都是沒頂之災。Janet 和他育有三個孩子，分別八歲、六歲和四歲，她帶著其中兩個趕來廣華醫院，得知丈夫跌死的噩耗後一片茫然。她在家帶孩子，丈夫一向只給她買餸錢，他去世她就一無所有，連留港簽證都有問題。在場幾名警察心生憐憫，竟紛紛從銀包掏錢給她救急，這只是她對香港感恩之情的序幕。

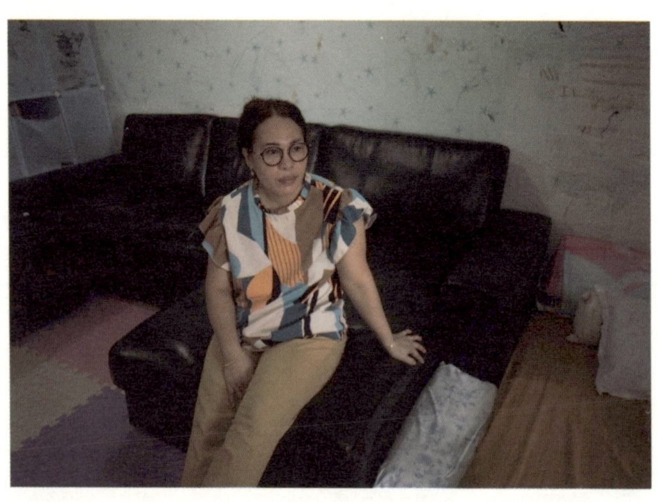

Janet 坐在家裡接受訪問

Janet 2003 年從菲律賓來港當家傭，2007 年在荃灣街頭遇上巴基斯坦裔的 Mohammad Shahzad，當時 Janet 的朋友在樓上匯錢，她站在樓下等。Mohammad 過來問 Janet 拿電話號碼，她不給，他不肯罷休，二人的愛情故事就此開始。

Mohammad 七、八歲來港，是香港永久居民，在梨木樹有一個公屋單位，家人已赴英。他在巴基斯坦鄉間有一個家庭安排的妻子，但毫無感情，他婚後回港也沒帶上她，之後沒有通訊，妻子便與他離婚了。回復單身的 Mohammad 多次向 Janet 求婚，都遭拒絕。

與 Mohammad 交往八年，Janet 一直沒想過在香港成家，她頗享受單身的自由。直至 2015 年她懷孕了，別無選擇下，翌年與 Mohammad 結婚，同年誕下女兒 Hannah，當時她已 36 歲。

照顧三子女疲於奔命

婚後的 Janet，留港身分由外籍傭工變成受養人簽證，可以自由全職工作。但在 2018 年次子 Aidan 出生，本來還有兼職的她已無法抽身，唯有留在家裡帶孩子。再兩年後三子 Ayman 出生，更是忙碌。

Ayman 在出生時患有先天性巨結腸症（Hirschsprung's disease），無法正常排便，要立即做手術。Janet 也發現 Ayman 有發展遲緩問題，左臂和左腿都顯得僵硬，一歲時由床跌到地上，情況惡化又要入院做手術。Ayman 到三歲

才會走路，左邊足踝不能著地，說話也限於一二三四、媽媽和哥哥姐姐。他得到仁濟醫院的兒童中心照顧，一星期可住五天，周末由媽媽接回家。但他只能享用這服務至六歲，滿六歲後便要另找特殊學校。

要找特殊學校學位不容易，不懂中文的 Janet 每次到中心聽講座，都不明白老師和社工的話，對方會給她一部 ipad，她只靠文字理解。獨自照顧三個子女，來回於學校與中心，經常要獨力帶幾個孩子出入，教她疲於奔命。

攝於 Janet 家中，有表妹照顧孩子，讓 Janet 有時能稍稍放鬆。

丈夫酒後失常性

丈夫 Mohammad 是個沉默的人，他一直當搭棚工人，沒工開時就在家睡覺。Janet 說，丈夫會給她買餸錢，但僅此而已。偶爾會帶孩子到商場或室內遊樂場，但家裡的一切他都不管。若非照顧孩子，Janet 多麼希望能出外工作，可多賺錢養家之餘，也不用竟日留家面對丈夫。

三個孩子帶來的瑣事繁多，但 Janet 不放心把他們交託丈夫，都是自己帶著。無論是日常到街市買餸，或是疫情時打針，她都是一拖三的前往。Ayman 不良於行要坐嬰兒車，但屋邨裡有不少梯級，令她頗為難。

談到丈夫，Janet 不諱言，當他喝醉時，會動手打她。丈夫通常在工作五天後，星期六下班便出去喝酒，喝得爛醉回來時大吵大鬧，既會傷害她，也會和鄰居打架。所以每到周末，她便害怕起來：「天啊，今天是星期六！」

因為家暴，她曾多次報警，最嚴重的一次，丈夫被扣留在警局過夜，她則要到醫院驗傷。

六歲的女兒 Hannah 把一切看在眼裡，令 Janet 很難過，她不想兒女在這環境下成長。她多麼希望丈夫能戒酒，但他依然故我。

警察為她掏錢

疫情下 Mohammad 失業，在 2020 年 Janet 懷上第三始，所以他申請了綜援。他也曾問移居英國的兄長借錢，但對方只借過一次。

後來 Mohammad 斷續有工作的機會，2022 年 12 月，停工兩周的他第一天做加多利山的工程，工程預計要兩天。第一個上午，他在竹棚上遞竹子，中午時分爬下來準備吃飯，卻不幸跌死。

那個中午，Janet 正從學校接女兒回家，她接到警察電話，對方問她是否懂廣東話，她說不懂，警察說稍後再打來。她有預感這通電話和丈夫有關，於是致電丈夫，豈料接電話的竟是警察。

幼子在中心，她帶著一子一女乘的士到廣華醫院，知道丈夫已離世，悲傷之餘更是茫然，丈夫沒留下積蓄，往後她和子女如何生活？丈夫死後的種種手續，她又怎懂得處理？

現場的警察見她實在可憐，每人掏出 200 元，湊合了一千元送給她，供她救急之用。

否極泰來

丈夫離世，她擔心她受養人簽證也會被終止，雖然她居港 20 年，但受養人身分只有六年，未到七年能成為永久居民。她作了最壞打算，必要時把三個子女帶回菲律賓讓家人照顧，自己再申請來香港當外傭，賺錢養家。

但哪一個媽媽想跟子女分隔兩地，何況以 Ayman 的情況，她相信在菲律賓絕對不會有像香港周全的特殊教育服務。

不知菲律賓語言裡有沒有「否極泰來」這個詞，Janet 用了幾次 "We are blessed"（我們很幸運）來描述自己一家的處境。

在醫院遇到工權會幹事，對方一直指導她辦理每項手續。入境處給她一年的特惠簽證，讓她不用回菲律賓。工權會為她籌款，市民反應踴躍，這筆捐款助她解燃眉之急，Janet 終此生未想過她和子女會得到港人這份厚愛。

如今 Hannah 升小三，Aidan 升小一，Ayman 仍然在中心，每周返家兩天，三個孩子都要人照顧。得到捐款後，Janet 從菲律賓請表妹來港幫忙。2024 年 6 月，Janet 得到香港永久居民身分，隨即到中環一家韓國餐廳當廚師，朝 11 晚 11 的工作，中間兩小時「落場」。每月休息六天，其中只有兩個星期日。

雖有捐款作支援，她明白不能坐食山崩，所以努力工作。她希望在現時的崗位賺取足夠經驗，然後在荃灣找新的工作，省下交通時間。她理想的工作是工時較短，能固定在周末放假，讓她好好跟子女相處。

她現時有四天假期都不在周末，她放假時子女都上學去了，仁濟醫院的中心也不希望她平日接 Ayman 回家，怕影響學習進度。所以，周末放假對她十分重要。

子女要做香港人

丈夫的意外後，Janet 不斷奔走勞工處和律師之間，2023 年 10 月，涉事承建商優能發展有限公司因違反《工廠及工業經營條例》及《建築地盤（安全）規例》被勞工處檢控，被判罪成罰款 8.7 萬元。

對家屬賠償方面，關乎死者的月薪，以 Mohammad 意外時的年齡，應可賠 60 個月的收入。公司最初呈報他月入三萬，後來又改稱只有 $13,800。Janet 知道丈夫每天工資 $2,300，但每月開工日數不定。以 $13,800 計算，每月只工作六天，勞工處認為公司呈報收入過低，建議她申索，她現已申請法律援助。

能與子女一起，是 Janet 最珍視的時刻。

這個曾經破碎的家，漸漸安頓下來。Janet 認識的香港，是一個如果你遇到大問題，旁人會蜂擁幫忙的地方。感恩的她不但矢志做香港人，還要子女做香港人。

她了解過一些學費較便宜的國際學校，但她還是讓子女入讀樓下聖公會的津貼小學，她認為只懂英文是沒用的，一定要學中文，將來才容易找工作。她對子女學習費用毫不吝嗇，女兒放學後參加功課輔導班，每月二千多元。周六，兩姊弟更要私人補習中文。

子女能在香港落地生根，是她最大的願望。

帶着愛的道別

工業傷亡權益會幹事謝欣然

2022 年 12 月 13 日下午，一收到意外發生的消息，我和同事立即收拾文件坐上的士，飛奔到廣華醫院。在新聞裡，我們已經知道，意外去世的工友和遺屬都是少數族裔。他們在香港生活本已艱難，這種意外對他們是何等嚴重的打擊。在的士上，我一邊在心裡重覆默念見到家屬要做的事，一邊看着新聞圖片，牢記家屬的身影，希望抵達醫院時可以盡快找到他們。

見到工友太太 Janet 的時候，她滿臉焦慮，而身旁一對子女好像還未能理解到發生什麼事。年僅 4 歲的小兒子活潑得很，在房裡四處走動，不消一會已經不再害怕陌生的我們，拉着我們玩起遊戲來。6 歲的女兒較為怕生，緊挨着媽媽，不發一言。

我們了解到，她和丈夫育有三名年幼的子女，在香港都沒有其他親戚。作為經濟支柱的丈夫意外去世，遺下她們一家四口，未來的日子將會困難重重。假使是最理想的情況，僱主和保險公司對意外、薪金毫無爭議，最快也須等上九個月甚至一年才會作出賠償。而巴基斯坦裔的家庭通常傾向將遺體運回家鄉土葬，殮葬費動輒花費八萬元以上，這筆費用雖然可以向保險報銷，但也要家屬先行支付。以 Janet 當時的經濟狀況，她完全負擔不起，呼籲公眾捐款是其中一個可行的方法。

入職工權會數年，那一年我剛開始跟進死亡個案，此前遇過不少挫敗，最擔心是不能獲得家屬信任，無法為他們提供即時的援助。有時是家屬過於傷心，沒有心神理會旁人，這是很可以理解的，但亦試過被別有用心的人誣衊為殯儀館的中介者，令家屬對我們卻步。因此，每當我向家屬提出額外的建議時，都是戰戰兢兢的。

但是 Janet 對我們充滿信任，一口答應讓我們向外透露家庭的困境，進行公眾籌款。在跟進死亡個案的過程中，往往到家屬平伏情緒後，想起最初見面的日子，他們會說，幸好當時有你們幫手。我卻覺得，他們更應該謝謝自己。在百般傷痛之中，仍然願意信任他人，讓一個陌生人介入告別親人這件極為私密的事情，當機立斷作出從未做過、未想過的決定，需要強大的意志。而家屬對我們投以信任，讓我們在危機之中尋求各種解決方法，也為後來有需要的人開啟更多的可能性。得到 Janet 的首肯，我當下即用電話打下文案，整理剛才在對話中聽到的家庭背景，再找同事發佈訊息。

陪伴孩子跟父道別

在醫院等了將近四個小時，天色都暗了，終於等到警察做完手續，可以見工友最後一面。兩個小朋友等得不耐煩，向媽媽吵着說：「媽媽，我們什麼時候才能回家？」「這裡很悶啊，我們可以離開嗎？」直到見到爸爸，他們還是不明所以：「為什麼爸爸不醒來？爸爸快醒來，和我們一起回家啊。」望着丈夫的遺體，Janet 已泣不成聲，根本回答不了小朋友的疑問。

這是兩位小朋友第一次面對死亡，或許他們現在還不懂，但這個場面，在他們往後一生應該會留下深刻的印象。等待的時候，我一直在想，該怎麼跟他們解釋，讓他們可以向爸爸好好道別。我蹲下來，拉着兩姐弟的手說道：「爸爸工作的時候發生了意外啊，他已經無法醒來了。但是你們知道，爸爸是很愛你們的，對不對？媽媽也是很愛你們的，你們抱一抱媽媽，然後跟爸爸說再見，好嗎？」聽到爸爸再也不能回來，兩姐弟都靜了下來，姐姐流下眼淚，但還是乖乖的抱着媽媽，向爸爸說再見。那只是一個很小的動作，但至少，讓他們完成了道別這件事。那一刻，我覺得，即使等上多久，能夠等到最後，為他們做這麼一件小事，也是值得的。

幸好，社會對於他們的處境都頗為同情，公眾捐款讓他們度過了最艱難的時間。

後來，每次家訪 Janet 一家，我都會察覺到家居佈置有一點點的改變，看得出，她正在慢慢整理過去，邁向新生活。意外發生後差不多一年，Janet 跟我談到新的計劃。她估計，單靠之前的公眾捐款，不足以捱到賠償出來的日子，因此她決定來個大改變：請表妹到家裡照顧三個小朋友，自己則重投職場，有一份穩定的收入才是長久之計。

這是一個不容易的決定，在香港，她只做過家務工，並沒有其他工作經驗， 一切由零開始。而其實，相比起打工，她還有另一個選擇——領取綜援，專心在家照顧子女，但是 Janet 不甘處於被動，希望為一家爭取更好的生活。看着她打起精神的樣子，我相信，無論未來有多少困難，他們都可以好好面對。

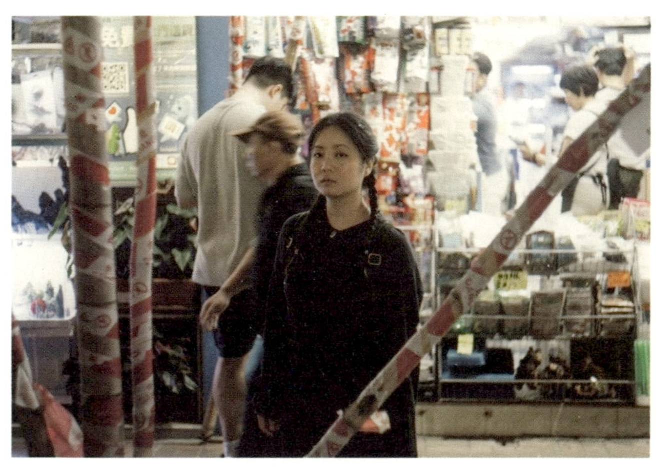

謝欣然姑娘

「他覺得自己很厲害，打大風了，別人的棚架倒塌了，他搭出來的棚沒有塌。他說：你看跑馬地，一大片棚架塌下來，整條街都堵住了。他那陣子一天做三四宗工程，一點事都沒有。」

搭棚近三十年都沒出過事，但要出事，只需一剎那。

第 5 章

陳婆婆——他知道我有多疼他

陳惜姿

意外詳情

日期	2022 年 5 月 7 日
地點	油麻地吳松街 45-51 號文績樓
死者	陳兆豐 (47 歲)
經過	大廈六樓進行排水管工程，需要在大廈外牆搭建棚架，有 29 年搭棚經驗的陳兆豐，不幸墮地斃命，現場遺下一段他開工時用的安全繩。
家庭狀況	意外兩年後，陳兆豐 89 歲父親陳顯光於 2024 年 6 月病逝，遺下 85 歲的陳母，目前獨居。陳兆豐尚有一兄，經常在內地工作。
法庭控罪	僱主許佢成先被控沒有為工人買勞工保險，罰款六千。再被勞工處票控三項《建築地盤（安全）規例》，卻失踪逾年，又幾次缺席聆訊，後因通輯被捕獲，最後罪成被罰款九萬元。他對法官說無力付罰款，獲法官批准分 90 期即七年半攤還，每月只賠一千。工權會總幹事蕭倩文表示繳交罰款期之長聞所未聞，完全稱不上為懲罰。事後律政司就刑期提出覆核申請。

BLUE GIRL

自從 47 歲幼子陳兆豐從竹棚墮下身亡，85 歲的陳婆婆一直失眠。

兒子離去後，89 歲的老伴在半年前病歿了。兩年內兒子和丈夫先後離開，面對一屋三張床，只剩下自己臥著的一張有點暖意。

每想起這個「孝順仔」，她就忍不住流淚。她問自己：要怎樣做才能不去想他？她已經很努力，仍是做不到。

長夜漫漫，難以入眠，臥在兒子的床上看電視劇，竟看到幾十年前的鄭少秋。偶然合上眼，她會夢見幼子。在漆黑的夜裡半夢半醒，她開著露台一盞小燈，讓家裡有點光。

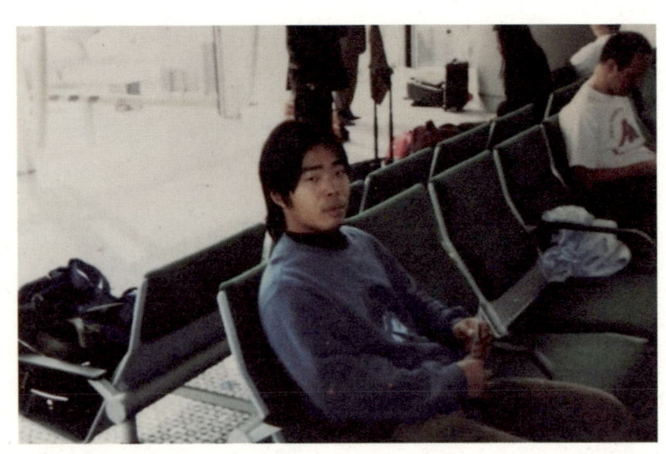

年輕時的陳兆豐

十多年前陳婆婆在家裡經常跌倒，她以為是年紀大之故，雙腿無力是正常的，就不管它，耽誤了三、四年。直至一天，她跌倒在地再也站不起來，被救護車送到醫院，經檢查後醫生發現她脊骨有一粒腫瘤，立刻做手術切除，腫瘤雖除，但神經線被壓過久，她的雙腿再無力行走。住院兩個月，痊癒後醫生說她要人照顧，要她入住老人院，但她堅持回家，自己簽名出院。由那時開始，她再沒離開土瓜灣的公屋，已超過十年。

她與老伴有兩子，長子幾十年前已搬走，一直是幼子跟兩老住，感情亦親密得多。出院後，陳婆婆要用步行架才能在屋內行走，但就是拖著殘軀，她仍堅持照顧這兒子。

每到傍晚六時，她就望著門口，期待兒子下班回家。兒子做搭棚，是辛苦的工作，一身汗臭回來，她會叫兒子放下開工的背包，把骯髒的衣服脫下來，什麼都不用理會，只管洗澡休息，媽媽會開洗衣機洗衫，幫他打點一切。

已是四十多歲的男人，洗頭後頭還在滴水，媽媽會拿毛巾替他弄乾，像小孩一樣服侍他。

「他開工，帶幾多套衫，幾多條毛巾，我幫他預備好，
我才安樂。這已成一種習慣，有我服侍，他就開心，
知道我有多疼他。」

陳婆婆喜歡做家務、做清潔。她住院的兩個月，兒子要自己洗衣服，結果把洗衣機也弄壞了，十分「淒涼」，所以她更堅定相信自己不能住老人院。

做飯對陳婆婆來說已吃力，他們都是叫外賣一起吃；飯後，兒子會奪回電視前原屬於他的床，「返入去，返入去……」著母親回房裡。

筆者想像不到這一幕有多溫馨，但陳婆婆描述這一幕時，一臉陶醉，彷彿是人生最快樂的時刻，還笑了出來。

「唉，突然之間沒有了，什麼都沒有了。」

顧家孝順仔

陳兆豐 1993 年開始從事搭棚，直至從棚架掉下來一刻，已做了 29 年。陳婆婆一直擔心他的安危，也曾勸他轉行，但兒子讀書不多，要轉行不容易，他覺得搭棚能賺錢，令一家生計無憂。

陳婆婆常掛在口邊，是「孝順」二字。陳兆豐出糧第一件事，便是交租，然後把全屋的帳單都交了，再放下幾千元做家用。家裡所有家具電器都是他買的，衣櫃是他造的，電視怎樣放、電線怎樣拉全都由他決定，同村有很多戶還是鋪膠地板，陳宅鋪的是磚，都是兒子出錢裝修。陳婆婆用她已不能伸直的食指，驕傲地在屋內指點著。

退休前，陳婆婆在沙田世界花園做家庭傭工，要留宿六天。兆豐掛念她，每天致電，她要待老闆不在家時才能和兒子聊天。若老闆回大陸工作了，她便偷偷乘巴士回土瓜灣。

> 「我做到 65 歲，開始覺得身體差了，那個孝順仔就說『不要做了，我不准你再返工』，那我便辭職。」

星期天放假，兆豐帶父母飲茶，旺角、黃埔一帶有很多酒家，他們都去過；晚餐也不用煮，兒子帶他們出街吃飯。自從陳婆婆不能離家，出外吃喝當然沒有了，但兒子會買零食回家一起享用。雪櫃長期有麵包，絕對不會讓母親捱餓。「絕對」二字，陳婆婆非常強調。

幾十年來跟父母同住，兆豐沒有拍拖，朋友也不多。做媽媽的說，這兒子不喜歡說話，難與人溝通和相處，以前的老闆給他的評價是「埋頭苦幹」。陳伯生前亦說，兒子比較內向，表達能力有限，說話不多。

他唯一的嗜好就是買馬和賭波，每次落注幾百元，小賭怡情，僅此而已。

在電視上看見兒子

陳兆豐搭棚近三十年，換過幾間公司。之前在大公司工作，後來與少東有嫌隙主動辭職，加入「華昌棚廠」，薪水少了一截，但他喜歡這公司地點方便，從家門過一條馬路就到，早上可多睡半小時。

能勝任搭棚工作，陳婆婆讚兒子有膽識，丈夫陳伯也如是說。陳伯生前接受工權會幹事訪問，留下了一小時的錄音，裡面提及兒子談到工作，對於自己的搭棚技術，感到頗自豪。

「他覺得自己很厲害，打大風了，別人的棚架倒塌了，他搭出來的棚沒有塌。他說：你看跑馬地，一大片棚架塌下來，整條街都堵住了。他那陣子一天做三四宗工程，一點事都沒有。他覺得自己有能力，便很開心。」2021 年 10 月 8 日早上三號強風信號生效期間，跑馬地樂活道比華利山外牆一幅大型棚架倒塌，導致一名女工離世。

陳伯亦說，兒子活到最後一刻還是勇敢的。他最初給這兒子起名叫陳強，他認為兒子一直堅強，擔得起這名字。不過他本人不喜歡，14 歲時嚷著要改名，希望將來生活豐裕，所以就改名為「兆豐」。

搭棚近三十年都沒出過事，但要出事，只需一刹那。

2022 年 5 月 7 日上午 10 時 50 分，一個陽光燦爛的早上。陳兆豐在油麻地吳松街 45-51 號文績樓六樓進行排水管工程，需要在大廈外牆搭建棚架，卻不幸墮地斃命，現場遺下一段他開工時用的安全繩。

這一刻，十多年沒離開家門的陳母，在電視看到一則新聞。「那天我開著電視，突然間報新聞，話有一個搭棚師傅因安全帶問題跌了下來，冇咗。當時也覺得有點異樣，然後就有人拍門，警察上來了，原來我看到那個掉下來的人，就是我個仔！是上天安排我在電視看到他！」

陳婆婆不良於行，陳伯只有獨自跟警察到伊利沙伯醫院，在警車上警司已告訴他：「你個仔冇咗嘞，你要鎮定一點，看開一點。」

到達醫院，在急症室旁有個小小的房間，他就在那裡認屍。當時陳伯哭得死去活來，但認屍只有兩分鐘，他一定要直視兒子的臉，確認到底是不是他。

「我喊到失晒暈都要看著他，很慘，他掉下來時可能是臉向地下，滿臉都是塵土和血，左邊額頭爆了。」陳伯認屍過後，在文件上簽下名字。

陳婆婆未能看見兒子最後一面，一直未能釋然，尤其丈夫告訴他，認屍時看見兒子「死不眼閉」。

「他有一隻眼始終合不上，用手去按也合不上，要慢慢、慢慢，用手按了很多次才合上眼。這就是我們中國人說的死唔眼閉。」

陳母搭著梁金愛姑娘的肩膀

對人有戒心

陳婆婆本名張秋玲，與丈夫都是印尼華僑，出生和成長於加里曼丹，五十年代知道新中國成立，趕忙離開印尼赴華建設祖國，當時張秋玲仍未足十八歲。他們在路途上認識，結成夫婦，被分配到天津。在河北的師範大學讀書，張秋玲讀俄文，丈夫讀中文，之後分別當上俄文和中文老師。

懵懂回到中國，遇上文化大革命，他們從外國來，被視為資產階級，穿一件稍為漂亮的衣服都被批鬥，「銀包明明無錢都話你有錢」。由那時開始，夫婦倆已是默默低頭做人。

> 「文革那幾年受罪了，不敢出門，不敢說話，千萬不要說話，什麼都不要說，說一句就會被人傳出去。」

好不容易熬到 1973 年離開中國，帶著長子來港，幼子 1974 年在港出生。經歷過政治運動，來到香港不懂英文又不懂廣東話，他們仍是孤立地生活。

> 「來到香港，仍是有陰影，什麼都怕，那時候英國政府也看不起我們，因為我們一句英文都不懂。講普通話，人家就是看不起。那時完全沒跟人交往，完全沒有，自己老老實實有份工作，這就樣捱下去。」

這或可解釋，陳家為何這樣低調儉樸，對生活也沒其他想像。陳伯雖是中文老師，來港後做運輸工人，太太到製衣廠車牛仔褲。年紀大了，陳伯當保安，陳婆婆當家傭。廣東話早學會，英文仍是不懂。沒埋怨過大材小用，只希望平靜過日子。

幼子出意外，陳伯在伊利沙伯醫院遇上工權會幹事梁金愛，骨子裡對人的戒心又蹦出來。梁姑娘記得這伯伯揹著一個斜孭袋，樣子憂愁，卻不接受別人的好意，連她的名片都不肯接，認屍後獨自乘的士回家。

梁姑娘沒放棄，幾經輾轉，她找到認識棚公司東主許佢成的工友，得到陳兆豐的地址，再靠人脈找到陳的兄長，經長子解釋後，陳伯才答應開門，接受工權會的幫助。

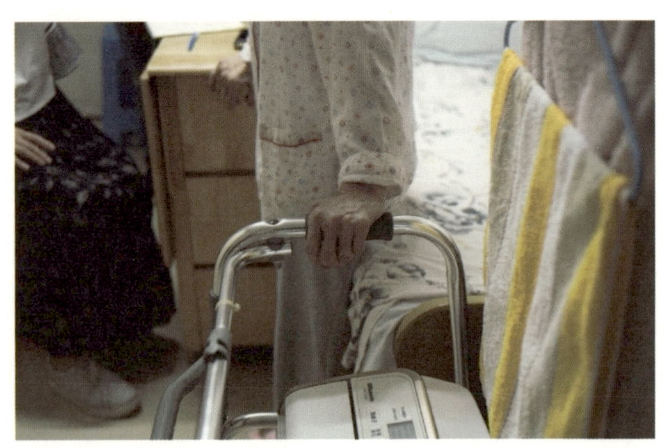

陳母不良於行，需要使用助行架走路

陳兆豐的火葬儀式極其簡單，陳父沒通知親友，出席者只有他、長子、媳婦和梁姑娘四人。陳也沒辦喪禮，遺體由葵涌殮房直送到火葬場，沒清潔沒化粧，頭髮仍被凝固的血黏著。跟進工業意外多年，陳兆豐臨終的樣子是她看得最心酸的。

陳婆婆不良於行，自然也沒送兒子最後一程。她卻覺得坦然。她說兒子生前已多次說，花錢搞喪禮是多餘的，人都走了，搞來幹什麼？他早說好，將來走的時候，千萬不要搞儀式，陳母只是「唨唨唨」地回應。

老伴半年前也離世了。訪問陳婆婆的當天，上午舉行了陳伯的紀念花園撒灰儀式，同樣是遺體由醫院殮房直出火葬場，但侄女為他準備了一些紙紮西裝，梁姑娘覺得，陳伯在下面「有衫著」，感覺較上一次舒服。她和陳伯侄女又在紀念花園弄了一個小小的石碑，和兆豐的石碑「樓上樓下」。往生的人是否有知，不曉得，但在生的人感覺較踏實。

陳婆婆已說好，將來她的骨灰要撒到大海。梁姑娘拍心口答應擔起此責，還笑問要不要灑遍香港、天津和印尼。

餘生之盼望

「我有時想，撐了兩年，我都算唔簡單。」

兒子意外離世，令她生活的節奏全亂了，失眠一直困擾她。丈夫有三高、糖尿病和腎衰竭，接近九旬離世，剩下她一人孤伶伶。陳伯的侄女、工權會梁姑娘、社會福利署社工、屋邨辦事處職員都會來問候她，不過，她仍是要獨自要對生活，雪櫃空空的，只有幾袋方包，吃四片就當是一餐。

但陳婆婆求生意志仍很強，她愛惜身體，吃得清淡，除了雙腿的毛病，沒其他健康問題，頭腦尤其清醒，很多同齡的老人望塵莫及。她自覺還有些事未放得下，令她要「撐」下去。

家庭經歷巨變後，長子跟她重新建立關係，媳婦也會來電問候，也令她覺得生存下去還有點盼望。更重要的，是陳兆豐的僱主許佢成尚有欠薪未付，那是兒子用命換來的錢。

許佢成被罰款九萬元，獲法官批准分 90 期即七年半攤還，每月只賠一千。刑期之長叫人譁然，律政司已提出覆核。

陳伯生前在訪問裡談到，對於那些罰款，非常看不過眼。

「罰五萬十萬，人們過咗骨就算數。你罰他一千萬又怎樣？他付不了，你可以拿他怎樣？你宰了他？那都是次要的東西。」

他認為政府要組織一個突擊小組，負責人是經過訓練的，他們要到工作的前線巡查，視察、指導、檢查工序是否合乎要求，針對搭棚工人，檢查他們的工具，特別是安全繩是否合標準。

「勞工處人員坐在冷氣房，弄些單張出去，或者在電視廣播幾次就當做了工作，那是沒用的。」

況且，勞工處控告僱主的罰款是賠給政府的，家屬尋求僱員補償，還要靠民事訴訟，那需要五至七年時間。陳父已去，由風燭殘年的陳母接力。刻下，許佢成欠下陳兆豐兩個月薪水達六萬元，仍一直拖延。陳婆婆說：「老實講，我不是為那些錢，我是要拿回公道。」

（陳伯於 2022 年 6 月 6 日接受工權會幹事訪問，留下一小時訪問錄音。筆者於 2024 年 11 月 15 日訪問陳婆婆，本文將兩個訪問內容整合。）

蕭姑娘，您好！

多謝您派出的

我覺得十分陪由出殯之葬禮

順利進行。令我全家十分感

送身跟進，令我充滿信心

生活。謝姑娘的感

故特附上一封信給您指正。

順此

敬祝叙安！

受助人：

2023年

娘群組協助我們辦理了
事宜，令我們的身後事得以
未來的葬禮仍由梁姑娘

信中、我有提及對總讚仁愛
字：請批評！

頌光 上

沾泡剃鬚　繼續上路

工業傷亡權益會幹事陳珏軒

某個當值聽工傷查詢的上午，我收到同事的訊息，說陳伯剛剛離世了。

陳伯是一宗棚工墮斃事故的遺屬。意外發生後，陳伯身體狀況日漸轉差，很多時都在醫院和護老院之間往返出入。我和其他幹事不時都會前往探望，除了跟他談律政司何時起訴那逃之夭夭的僱主、跟進那數以年計的僱員死亡補償程序，我也會跟他閒話家常，聊聊陳年往事與日常生活。

陳伯往往坐在病床上，一臉笑容可掬興致勃勃，一時講起他在印尼的日子，說他嗜食香甜的印尼糕點、「沒有蝦片的炒飯不正宗！」一時聊聊他在中國內地教中文的經歷，跟他由《詩經》談到魯迅。

在陳伯去世前幾日，我和陳伯的侄女去了醫院探望。侄女見陳伯一臉憔悴蓬頭垢面的樣子，便拿出了剃刀和剃鬚泡，問道：「不如幫他剃剃鬚？但我怕不熟手。」於是我便接過剃刀，生怕把陳伯弄痛弄醒，小心翼翼的將他下巴和唇邊的鬍子都剃乾淨。

回程路上，我不禁想起電影《九龍城寨之圍城》的一幕，龍捲風替故人的遺孤陳洛軍剃鬚——把喉嚨託付對方，這是何等的信任。而不論沾泡剃鬚還是談天說地，我知道這一切看似輕於鴻毛，背後卻是重於泰山的信賴和託付。工傷意外不只是工友就此魂斷，也是背後工友所記掛的人。我想這也是我們同事經常念茲在茲的一句話：「我們看到的不只是一宗事故，而是一個家庭。」

撒灰立碑 此情銘記

陳伯去世之後，我們沒有停下來。

知道陳老太一直不良於行，我們便跟陳伯的侄女璇姐一起奔波，到殯儀館打理後事、到食環署排期火化、跟石廠訂製撒灰紀念碑，只願為逝者盡一點心意，讓生者得到安慰。每次見到璇姐，我總會想起她一向愛錫陳伯，時常去醫院探望，拿着一包二袋護理用品，對著我一臉親切的打招呼。即使如今陳伯駕鶴西去，她依然是無微不至，只望陳伯的後事辦得企理妥當。

「你和陳伯好有緣呀！」她總是説當天幸好有我為陳伯剃鬚，為他整理好儀容，伴他度過最後的時光。但我想我也跟璇姐、跟陳老太有緣份呀，像我跟陳老太都是同一區的街坊，可以很方便的登門造訪，協助她申請接手陳伯的法援，繼續追討終於落網的僱主，順道跟她聊聊附近社區的變遷；我也試過在逛超市時碰到當推廣員的璇姐，她連忙將一塊煎香飽滿的魚柳用牙籤拮起，遞到我面前叫我和女友試食。這些一點一滴，都令我們在維權的路上，多了點生活化的連繫。

終於到了撒灰的日子。那是個綿綿下雨天，我們撐起雨傘，緩緩的圍着花園走了一圈，一點一點的將骨灰撒到紀念花園的草地上。「一路好走」、「一路好走呀！」，我們一邊走，一邊叫喊着，沒有回頭再望。我知道，陳伯會活在我們心中。

撒灰過後就是立碑。我們或雙手合十、或低頭默禱、或閉目沉思，靜待師傅將紀念碑安置。「陳伯我來探你啦！」我對著立好的紀念碑細語，像以前在醫院談天說地一樣。待親友們都鞠躬過後，我們又燒了一袋又一袋衣紙，還有紙紮的西裝，讓陳伯好好上路。

「他們兩仔爺就是樓上樓下了。」離開時，璇姐告訴我，樓下就是兆豐的碑位。我面露微笑輕輕點頭，想陳伯是跟兆豐結伴同遊了。放心吧，陳伯、兆豐，我們會一直想念您們。願早日公義得以彰顯，安撫亡者與遺屬。願您們在天上看顧我們，一起走未完的路。

陳珏軒陪陳伯伯走最後一程

兩年內送別父子

工業傷亡權益會總幹事蕭倩文

這天，我們出席了陳伯的安葬儀式。雨下，骨灰由陳伯的長子灑在泥土中，願陳伯與幼子兆豐在天家相聚，快樂生活，保守留下來的人……

2022 年 5 月 7 日，陳伯的幼子陳兆豐在佐敦吳松街唐樓文績樓搭棚期間，不幸由 6 樓墮下，傷重送院，之後不幸身亡。

失去摯親，錐心之痛。陳伯大受打擊之下，健康每況愈下，讓人擔憂。兩年以來常常出入醫院，直到 2023 年 8 月，情況更加惡劣，住院數月後轉到護老院，未見進步，再次入院，2024 年 6 月底撒手人寰。

記得兩年前在殮房送別陳兆豐，出席的只有數位家庭成員，十分冷清。因此我一直以為陳伯舉目無親，但後來陳伯住進醫院，有好幾位侄女侄孫探望，照顧無微不至，方知原來陳伯是不想告訴親人兒子工業意外離世的消息。的確，連自己都無法接受的事情，又怎能期望其他人接受呢？

意外發生之初，陳伯希望得到的不是安慰，而是真相。他寫過一封信給勞工處，字字鏗鏘，擲地有聲希望勞工處加強監管，不要讓悲劇再發生。他也寫過一封信給工業傷亡權益會，表揚我們的工作。陳伯年輕時在國內當教師，來到香港在凍肉舖打工，也做過一些苦活。侄女說陳伯待他們非常好，他們每年都為陳伯設晚宴祝壽，疫情後祝壽飯局停了。後來兆豐走了，陳伯和不良於行、十多年沒外出的妻子相依為命……

在陳伯住院的日子，我們斷斷續續談過一些往事。陳伯一生沒有太多的追求，那個年代連性命安全也無法保證，還能有甚麼遠大的理想？只是想不到，來到安定的社會，性命安全依然無法保證。兒子的離世，讓陳伯變得沉重，鬱鬱寡歡。

80 多歲了，工傷賠償等了兩年無果，僱主沒有買勞工保險，逃之夭夭，使追討過程更添阻礙。如今接手處理的陳婆婆同樣 80 多歲，相信還要等上五、六年……

在陳伯最困難的那段時間，很感恩善長彭一邦先生的捐助，讓陳伯可以無後顧之憂地住進護老院，減輕了家人的負擔。

荒謬的裁決

陳兆豐在棚架墮下當天，我到了現場查看，同事梁金愛到伊利沙伯醫院尋找家屬。然後，我跟保安員談了幾句，知道單位業主是地產舖老闆，但地產舖裡的人很謹慎，既沒有否認單位屬於他們，但也沒有透露其他任何資料。

在文績樓對面，我看到一輛裝滿竹枝的貨車，車身印上「華昌棚廠」。不久，一位頂着大肚子的男人出現，我直接問他是不是棚公司的老闆，他承認，也給我他的手提電話號碼，並承諾會處理兆豐的後事，着家人不用擔心。晚上，老闆探望兆豐父母和兄長，再次作出承諾，除了後事，還會交還拖欠的三個月人工。老闆的作為，讓我和兆豐家人都以為對方是有承擔的人。

蕭倩文陪同家屬到觀塘法庭旁聽

沒想到幾天後，這位言之鑿鑿、滿口承諾的老闆許佢成，竟然像人間蒸發一樣，完全無法聯絡上。

消失整整一年半。原有的「華昌棚廠」公司地址已經成為地盤，許登記的住宅地址被查出已出售，他本人至少四次沒有出庭應訊，直到家屬和我們步步進逼，勞工處終成功向法庭取得通輯令，讓這位許老闆變成通緝犯。最終，在 2023 年 11 月紅磡一間遊戲機中心被捕，帶上法庭。

2023 年 12 月，許佢成承認「沒有為僱員購買勞工保險」，被法庭判罰款 6000 元。

一年後，這位許老闆被法庭裁定違反三條《建築地盤（安全）規例》罪，合共被罰款 9 萬元。有到庭聽審的兄長表示判決毫無意義，不論在對僱主的懲罰還是對家屬的交代上，都沒有任何作用和意義。而且，這完全談不上是懲罰。

我們對裁決結果感到十分失望！

法庭揭露許佢成在 2006 年也發生過其工人在工作期間高處墮下死亡意外，被罰款 3 萬元。顯然，這 3 萬元並無任何阻嚇作用，許沒有汲取任何教訓，讓悲劇再次重演。法庭有否考慮往績？如有，為何不大幅提高罰款金額！

許佢成集「重犯」、「無購買勞工保險」、「逃避法律責任，多次不出庭應訊」、「欠薪」於一身，只被罰款 9 萬元，不少人嘆謂：「人命何價？！」

當大家討論判罰金額之荒謬，更荒謬的其實在後頭。許佢成向法官表示自己失業，無力繳交罰款，法官居然同意許分 90 期，即 7 年半，每期 1000 元繳款。我們有沒有聽錯？！現在是買電視電器供款，還是買個人保險供款？這是違法的判罰，好嗎？公義還是沒有得到彰顯！

當僱主沒有為員工購買勞工保險，直接增加家屬追討賠償的時間和金額上的損失。一般 6 到 7 年才能透過「僱員補償援助基金管理局」得到賠償，部分律師費用更需要家屬自付，實在非常不公平。在等待的過程中，兆豐接近九旬的父親已經等不及，先行一步了，如今留下 80 多歲的母親頑強地撐着……

只祝願陳伯安息，陳婆婆保重。

蕭倩文出席陳父花園葬儀式

時間是最好的藥物，縱使艱難，樊太努力治療傷痛。「我要思考目前，活在當下，要感受現在的感覺。為兩個小朋友之餘也要為自己想想，所以我想找回自己。」

第 6 章

樊太——想放低，但不是你想就可以

陳惜姿

意外詳情

日期	2021 年 12 月 22 日
地點	赤鱲角駿群路機場管理局地盤
死者	樊柱樑（34 歲），意外另一死者為趙高（38 歲）
經過	兩名工人檢查和維修一個四米深的污水井時，吸入有毒氣體死亡，被救出時二人臉上只戴著外科口罩。
家庭狀況	樊柱樑離世時遺下妻子，和兩名只有三歲和一歲的兒子。
法庭控罪	榮興建築有限公司被控十條《工廠及工業經營條例》和《工廠及工業經營(密閉空間)規例》，罪名均不成立。地盤管工李志彪因違反《工廠及工業經營條例》及《建築地盤（安全）規例》的規定，被勞工處檢控，被判監禁兩個月及罰款 2,500 元。法官特別指出，以往工業意外的案件多只判罰款，然而近年意外數字急增，法庭有必要判處更具阻嚇性的刑罰，故此以監禁作判刑。李志彪已提出上訴。

赤鱲角污水井死亡意外現場 (攝 : 楊嘉朗 / 香港 01)

樊太來到訪問地點，令人耳目一新。她染了髮，把長髮盤成馬尾，臉上是精緻的粧容，漂亮而清爽。工權會幹事體貼地在她身旁放了一包紙巾，但訪問個多小時裡她沒流過一滴眼淚，紙巾用不著。談到兒子和將來的計劃，她還笑得挺開懷。

她丈夫樊柱樑在 2021 年 12 月 22 日死於赤鱲角的沙井內，一同喪生的還有同事趙高（見另文）。意外發生三年，她既要面對喪夫之痛，又要應付孩子的情緒起伏，每一天都是折磨。不過她跟自己說，不能沉溺在過去，往後還有很長的路要走，畢竟她才 35 歲。除了兩兒，也要為自己而活。

就這樣，她在傷痛和希望之間徘徊著。現在眼淚已流得不多，只是每次提及逝去的丈夫，她便會心翳和胃痛。她告訴筆者，訪問的這一刻，她的胃又痛起來。

樊太看著手機裡的家庭相，充滿回憶

看樊太神清氣爽，笑容可掬，完全不像工殤遺屬。以前她對外表沒多在意，現在每次出門都會化粧。她發覺用心打扮之後，心情也不一樣。

雖然打扮得美美的，今次訪問她不願正面上鏡，與之前的訪問不一樣。意外發生後，樊太幾次接受訪問都正面出鏡，但現已改變想法。

> 「之前會出鏡，沒太多考慮，覺得要帶動社會關注工業安全的訊息。現在我嘗試放下，不會常常想著以前，也不想朋友看到訪問認出我。」

過去四年多以來當全職媽媽，如今大兒子唸小一，小兒入讀了全日班幼稚園，她決定重投職場。擁有高級文憑學歷的她，打算回到舊公司工作，業務性質是向外國客戶售賣機器零件。每天工作四小時，下班後仍趕得及看兒子功課。

當了母親她才發現，在家她只能當個媽媽，唯有回到職場，她才是自己。

剎那間失去家中支柱

丈夫遇到意外離世時才 34 歲，兩個兒子才三歲多和一歲多，小兒子對死亡尚未有概念。然而本來牙牙學語的他，彷彿感受到媽媽和親人的傷痛，環境氣氛不一樣，突然連爸爸、媽媽都不說，沉默起來。

大兒子鬧情緒則更厲害。他每個晚上都摟著媽媽哭，常常是哭著入睡。以往媽媽要照顧弟弟，由爸爸陪他睡，爸爸驟然離去，安全感頓失，敏感的他沒有其他表達方法，只是哭。

「我作為媽媽都好心痛，亦不知怎樣做。我自己的心理也未調節到，只能陪他一起哭。」

先生名字是「阿柱」，這根柱轟然折斷，四口之家頓成頹垣敗瓦。兩孩固然不知所措，樊太面對的打擊更是沉重。

「當時我是每時每刻都想喊，白天盡量控制，但都會流眼淚，小朋友會見到。」

「晚上喊得最犀利，攬住張被狂喊，因為我同父母住，不可以喊得太大聲，要壓抑自己。驚嘈到小朋友，又驚阿媽擔心。」

當時她一家正輪候公屋，本來租屋住，為方便母親幫忙照顧孩子，所以搬到娘家。意外發生一星期，她獨自在房中，她媽媽緊張地叩門，生怕她在房中做傻事。

「一開始我都會想，為什麼他不帶埋我走，為什麼他留低我一個，負面思想不斷湧出來，有時行行吓突然會想：會不會在馬路衝出去？會不會在斜坡跳落去？」她沒有想到要實行，但這些思緒卻不停出現。

意外後半年間，她患上失眠，夜裡不停扎醒，醒來一臉都是眼淚。她沒意識自己在哭，眼淚就是不停流出來。她不想倚賴安眠藥，她服用褪黑激素，但也不是每次有效。

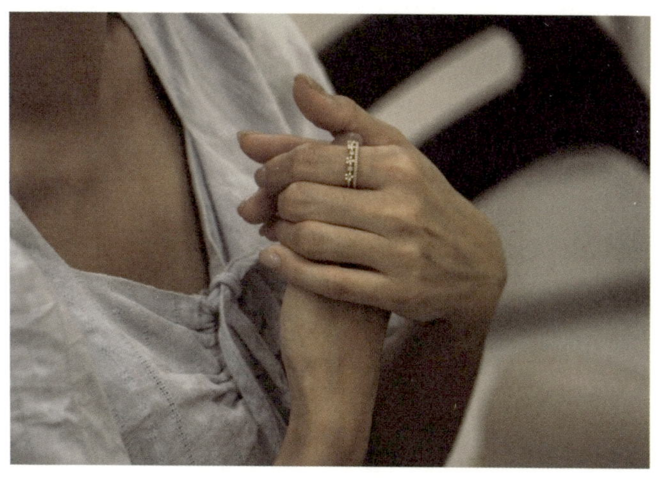

樊太回憶著意外後收到丈夫出事消息的片段

永遠收不到的訊息

回想丈夫出事的那個上午，她與兒子正在床上玩耍，手機調到靜音，那些帶來噩耗的無數個電話，她都沒接到。

那個早上她有點感冒，跟已上班的丈夫以短訊聯絡，丈夫叫她吃藥，真的不行便請外母幫忙照顧孩子。樊太 9 時 20 幾分回短訊說「知道了」。她沒為意，丈夫一直沒打開這訊息。

後來朋友用 facebook messenger 的通話功能終於聯絡上她，對方說：「阿嫂，你老公出咗事，好嚴重吓。」她赫然大驚，仍未知詳情，聽到嚴重二字，已經哭了出來。急忙請母親照顧兒子，她衝下樓卻茫無頭緒，不知乘什麼車到北大嶼山醫院。

她致電朋友問應怎樣做，朋友替她叫了的士，在的士上她一直嚎哭，連的士司機都安慰她。

到了醫院，氣氛沉重，警察請她坐下，等了漫長的個多小時。等待期間，她想過丈夫會死，但她也求上天眷顧，就算丈夫變成植物人，保得住生命始終有奇蹟的可能。

醫生出來，問她還有沒有家屬在途中，樊太說姐姐正趕來，醫生回應那等她來了才說。樊太預計不會是好消息，更是哭得死去活來。

待家屬都來了，醫生說明了死訊，讓樊太進去見最後一面。見到丈夫，滿臉淤泥，眼鏡沒有了，醫生說他被撈上來時已沒有呼吸。

為搵錢　危險也要做

樊柱樑之前當司機，入息不高。朋友介紹他到赤鱲角做水喉工作，入職只有兩年，算是新人，所以什麼工作都要做。他向太太提過，自己的工作辛苦，也有危險，但「要搵錢，無計。」

從後來的法庭審訊裡，樊太認識了「密閉空間」的概念，丈夫葬身的沙井就是密閉空間。丈夫提過，工作要「捐入個窿」，會有危險。

自從小兒子出生後，樊太再沒工作，一家的生計只倚靠樊柱樑的入息。他想盡量賺多一點，經常加班，每月只有一兩天假。有時候要「追更」，當完夜班立即接日班，當晚又再當夜班，回家休息幾小時又上班去。

據樊太說，丈夫讀書不多，若說工作有危險，介紹他入行的朋友做了十幾年都沒事。朋友還說，將來會帶他上機場三跑（第三跑道）工作，若他考到「大工牌」，便可以升職，賺得更多。丈夫既然雄心萬丈，樊太也不再勸阻。

意外後，榮太在家裡發現丈夫密閉空間課程的筆記。

埋 / 火警 / 溺斃

樊太知道丈夫上過「密閉空間」的課程，算是受過簡單的訓練。收拾丈夫遺物時，找到有關的課堂筆記，但只有幾頁，還是點列內容，非常簡單。

> 「真係好馬虎，在這麼危險的地方工作，入面隨時有不知名的東西。只上一堂，有幾多入到腦？六成？七成？有沒有考試，有沒有溫習？不能上完堂就當個工人學識。」

案件在 2024 年 4 月審訊，為期一周，樊太每次都出席，「每一個細節都唔想放棄，每一堂都聽」。

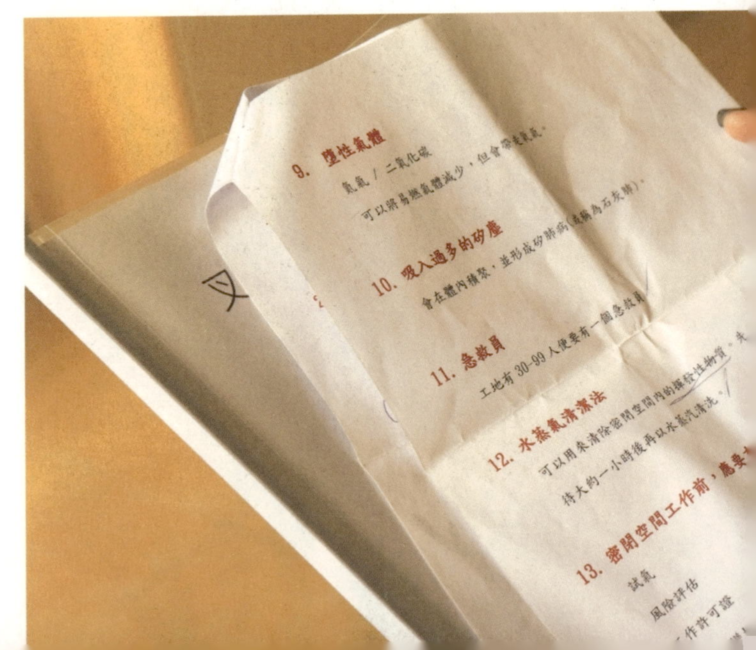

「現在爭辯那個沙井是否密閉空間，若是，有很多要求，公司沒做足。」辯方律師說工人自己決定走進沙井，氣得她七竅生煙。

「打份工，你沒叫我做，我會不會自己走去做？我諗唔通囉。」

2024 年 11 月法庭作出裁決，建築公司十條控罪均不成立。管工李志彪兩罪罪成，被判監禁兩個月及罰款 2500 元。

一整天的密閉空間課程只有簡單的幾頁紙

治療傷痛 但傷口未癒

時間是最好的藥物，縱使艱難，樊太努力治療傷痛。工權會幹事給她介紹聖雅各福群會的社工，該社工對她無微不至，勸她不要倚賴藥物入眠，建議她上靜觀班，教她放鬆。

「我要思考目前，活在當下，要感受現在的感覺。為兩個小朋友之餘也要為自己想想，所以我想找回自己。」

樊太學會靜觀後，在生活上時刻都練習，走路、做家務時都會留意身體每寸的感覺。她發現靜觀對入睡很有幫助，躺臥時由腳趾到頭頂，關注身體每部分的感覺，不再胡思亂想，失眠便慢慢改善了。

大兒子也接受社工輔導，社工用繪本讓他認識死亡。兩個小孩都漸漸回復小孩本性，愛笑愛分享。哥哥更是「暖男」，很會照顧弟弟和其他小朋友。

樊太以往對兒子學業要求高，如今只求他們健康快樂成長。選小學，她選關愛而非催谷，相信培養孩子價值觀更重要。

此刻若不是特別提起，她的心情不會有太大起伏。然而每次提起丈夫的事，例如到法庭聽審，她的心像被壓著，胃又整日抽住，全日沒有胃口。前陣子見律師，又覺得心翳和胃痛。

「差不多三年，是一個折磨。有時想放低，但不是你想就可以。」

但她是否害怕有一天，真的放低了，自己會忘記丈夫？

「我唔會唔記得，我係一定會記得。十年喎，我最青春的十年，由廿幾歲到三十幾這十年都跟他一起，他是兩個仔的爸爸。我會把他放在心裡最深處。」

兩口子拍拖五年多才結婚，婚後四年多他便離去。喪夫時，樊太只有 32 歲。

大部分與丈夫有關的東西，樊太都放到床底，免得睹物思人。

她坦言，她跟丈夫婚前婚後的關係都很平淡，她享受平淡的關係，大家舒服地相處。丈夫下班回家，洗澡後便打機，她則看電視，各自做喜歡的事。丈夫完全沒儀式感，拍拖或結婚周年紀念完全不慶祝，樊太生日，連蛋糕都是自己買。

丈夫只管上班，家裡事無大小都由她管，連丈夫銀行戶口、手機密碼她都知道。樊太慶幸自己掌管家裡大小事，丈夫離世後，她和兒子的生活不至方寸大亂，生活總算如常。

因為獲分配到公屋，搬了家，丈夫的日用品已丟棄，只保留拍拖時寫過的東西，送過的小禮物和相片，她都放在床底，盡量不拿出來。大半年前大兒子忽然說想看舊相，看舊相時他問自己當時幾歲，然後說：「啊，那時爸爸還在。」樊太的心痛了一痛，然後二人又哭起來。傷口仍在，觸碰到仍是很痛。

後記

為免令樊太胃痛過久，筆者爽快把訪問做完。難得有一天離開屯門來到九龍，樊太把兒子交托給家人照顧，自己早約好朋友晚飯。不談過去，她的神情又歡快起來。工殤遺屬的故事，必然由悲劇開始，但之後如何，還是由他們作主。

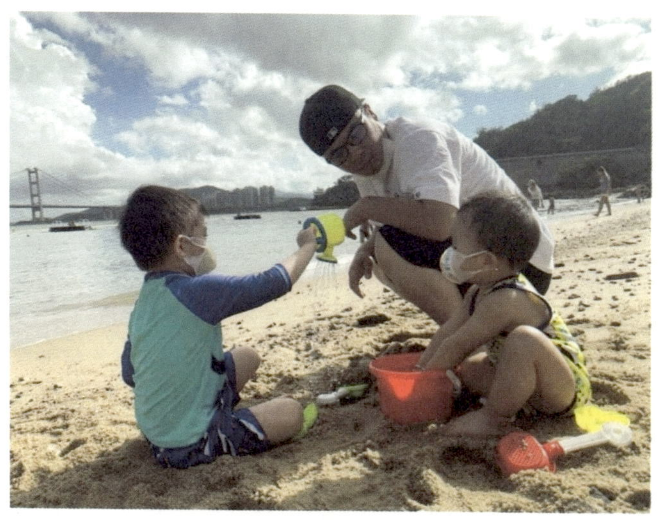

一次沙井意外，樊太與丈夫天人分隔。

勇氣

工業傷亡權益會總幹事蕭倩文

中國人很重視傳統節日，哪怕只是一家人吃上一頓飯，也能從中感受到團團圓圓的溫暖氣氛。相信樊杜樑和趙高的家庭也沒有什麼區別。我想像著兩家人一邊吃著豐富的食物，一邊談談工作和學習，或者沒什麼話語，看看電視，靜靜地享受著食物。好一個平淡而溫馨的畫面……

誰想到，昨晚喜喜樂樂的慶祝，第二天就已成永別。「丈夫跟我說的最後一句話是什麼？」、「我們有哪些話還未說，有哪些事還沒做？」、「你為何丟下我們？」、「孩子這麼小，我將來怎麼辦？」… 一連串的問號，沒有答案的問句。

2021 年 12 月 22 日，冬至翌日，赤鱲角機場島地盤，樊杜樑和趙高在沙井內工作，不幸吸入沼氣死亡。當時我無法親身到達醫院陪伴家屬，上面都只是我一廂情願的想像，但我相信這是所有職業傷亡死難者家屬都曾經出現過的狀況和心情。感謝那天陪伴家屬的三位同事林靜儀、謝欣然和黃韋澄姑娘，好讓家屬定下心神，勇敢面對接下來的重要事情。

要多大的勇氣才能面對丈夫一去不返的事實，還要面對鏡頭，哭訴家庭的不幸，控訴事情的荒謬！深深的吸了一口氣後，樊太在林靜儀姑娘的陪伴下，首先接受了記者的訪問，質疑為何丈夫被救上來的時候，臉上只掛著一個普通的外科手術口罩，而非密閉空間專用的防護面罩！後來趙太也克服心魔，向記者講出了訴求。

我們明白家屬的顧慮，擔心傳媒鋪天蓋地的報導會影響家人，尤其是年幼的孩子；當然也不希望讓認識的人知道而引來壓力和煩惱。所以他們當時複雜的心情是非常理解的，但是，他們為了真相、為了公義、為了解決經濟壓力，還是鼓起了勇氣，踏出艱難的一步。

往後的兩年，樊太都時有接受媒體的採訪，面對一次又一次傷口被扒開的傷痛，為的只是以個人經歷警醒政府、公司、相關人員做好安全，不能再讓意外發生。不過，我相信樊太必定很失望。因為在 2024 年 4 月，兩名工人在沙田一遊樂場的沙井裡吸入沼氣死亡，樊太發出怒吼：「到底還要傷害多少個家庭、多少個人，這些悲劇才會停止呢？」

樊太說過她走出來是無可選擇、是無可奈何的，可以說，樊太的勇氣是被迫出來的。趙太恨不得避開任何的曝光，她的勇氣是一點一點慢慢的累積出來的。我敬佩兩位。當樊太用力地呼喊，情況都沒有改善，三年過去，意外依舊頻繁。我常常被這種無力感籠罩著，但這種無力感很快就被密集繁重的工作殘忍地埋藏掉。可是，每當安靜下來，無力、無奈、牽掛、不平、傷感就會慢慢地浮出來。

看來，我要借樊太趙太的勇氣前行。

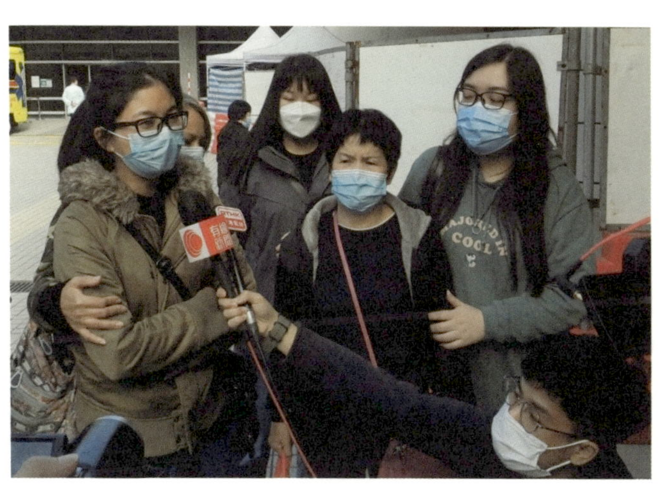

樊太意外後接受媒體採訪

趙太聽人說不要保留亡魂的東西，把家裡的床褥拉到垃圾房。誰知八歲多的女兒發現了，不允許媽媽這樣做，她獨自到垃圾房，一個人把床褥拉回家。

第 7 章

趙太——希望女兒懂得照顧自己

陳惜姿

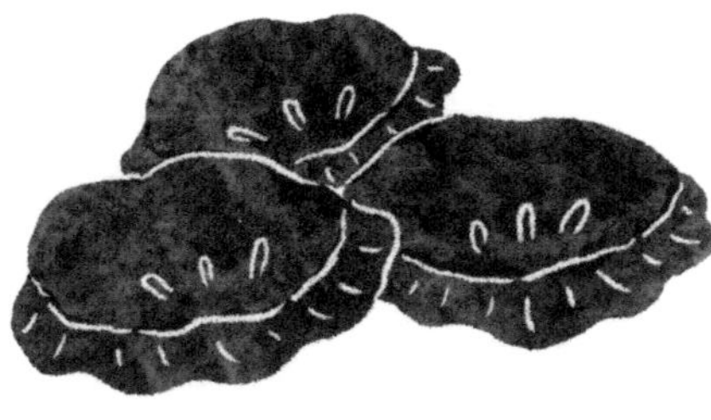

意外詳情

日期	2021 年 12 月 22 日
地點	赤鱲角駿群路機場管理局地盤
死者	趙高（38 歲），意外另一死者為樊柱樑（34 歲）
經過	兩名工人檢查和維修一個四米深的污水井時，吸入有毒氣體死亡，被救出時二人臉上只戴著外科口罩。
家庭狀況	趙高離世時，女兒只有八歲，由趙太獨力照顧。
法庭控罪	榮興建築有限公司被控十條《工廠及工業經營條例》和《工廠及工業經營 (密閉空間) 規例》，罪名均不成立。地盤管工李志彪因違反《工廠及工業經營條例》及《建築地盤（安全）規例》的規定，被勞工處檢控，被判監禁兩個月及罰款 2,500 元。法官特別指出，以往工業意外的案件多只判罰款，然而近年意外數字急增，法庭有必要判處更具阻嚇性的刑罰，故此以監禁作判刑。李志彪已提出上訴。

趙太意外後接受媒體採訪

趙太一直以為丈夫是水喉師傅，處理的是乾淨的食水。丈夫趙高從沒跟她提過每天上班的實際工作，沒提過污水、沙井等名詞。所以當她接到電話，對方說她丈夫在赤鱲角的沙井出了意外，她以為是打錯電話，掛斷了線。

直至警察來電，她才相信真的出了事。她腦袋一片空白，喚醒還在睡的女兒，帶她和親友乘的士到北大嶼山醫院，等了許久，才在殮房看到丈夫，看見他整個人已變黑了。她問主診醫生丈夫為何如此，醫生說，為什麼你先生這樣危險，只戴個口罩便走落去？

趙太茫然，當日是做冬後第二天，昨晚還開開心心做節，翌日丈夫上班的清晨，她提醒他戴口罩出門，那是疫情期間我們每天都戴著的外科口罩。他 9 時開工，趙太 9:30 便接到電話。丈夫從沙井被撈上來時，臉上就只得這個口罩。

在趙太眼中，趙高是完美的丈夫。

趙高是河南鄭州人，鄉下的傳統是吃餃子過節，意外前一晚，做冬的晚上，他還興高采烈把菠菜汁、紅蘿蔔汁加進麵團搓成餃子皮，做出彩色的餃子，一家三口興高采烈做節。河南人相信吃餃子有團圓的意思，和廣東人吃湯丸的意義相近。

他一向是完美的丈夫，早上 6 時鬧鐘響起，叫醒妻子和女兒起床後才上班，下班後回家做晚飯，等在街市擺檔的妻子回來吃。一家人最開心的節目，是晚飯後一同看電視劇《愛回家》。

現年 37 歲的趙太是土生土長香港人，12 歲在內地交友軟件 QQ 認識趙高，一個在香港一個在河南，無阻愛情萌芽。十多年後，他們相約在深圳見面。趙太看他雖然人在大陸，沒有錢也無一技之長，但人品好，脾氣也好，覺得可以付托終生。趙太在港也是身無長物，離開學校後便跟父母在深水埗一個街市擺檔。拍拖兩年，這段兩小無猜的感情終於開花結果。他們選了 5 月 20 日中國情人節這一天結婚，沒有儀式也沒有婚紗，是人們口中的「裸婚」。

婚後趙高不能立即來港，及至女兒出生，趙太仍是獨自面對生活。她那時一窮二白，住在劏房，女兒出世時，連嬰兒床都沒有，趙太拾了個紙箱放在街市檔口，把女兒置於其中，可能是紙箱有蚤，女兒全身長滿紅點。後來得東華三院基金資助二千元，趙太買了一張鐵床，女兒一直睡到今天。那是一張很普通的鐵床，但趙太滿心感激東華三院，還把基金的名稱其中一字作為女兒名字。

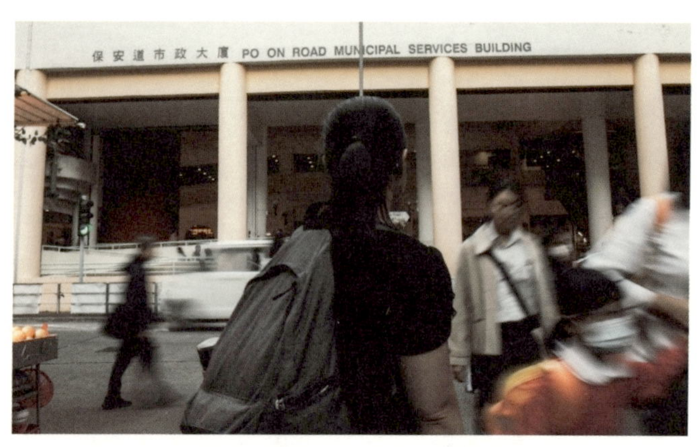

趙太平日的工作和生活都離不開街市

街市檔口是母親留給她的，生意不算好，卻是她唯一生計。她產後不到 20 天便開檔，沒有足夠休息，傷口未能好好癒合。社工勸她不如拿綜援吧，條件是結束檔口生意，趙太斷然拒絕，這個檔口是她安身立命的地方。

「雖然我開檔沒錢賺，起碼檔口旁邊有人，我買不起衣服和食物給女兒，有街坊可以幫忙，我拾菜莢都可以當一餐。難聽點說是施捨，但為了拿綜援要我執了檔口，我不知帶個女到哪裡。」

家境清貧

丈夫一年後來港，未幾他們獲編配了公屋。他們仍是非常窮，家裡的家具、電器都是別人家裡不要的，或從垃圾房撿回來。飯桌和電視櫃都是丈夫從垃圾房撿到木板，自己釘裝而成。

趙高來港做了一個月保安後，便進修一年考水喉牌。五年多以來，一直在同一間公司工作，一年升幾次職。他從沒提及工作有危險，即使如此，他每次當夜班時趙太也會擔心，丈夫不在身邊，她心裡便不舒服。她跟丈夫說，若工作有危險，千萬不要做，她寧可沒飯吃。

一份看似平凡的水喉工作，都會遇上不測。如今回想，如果她讓丈夫跟她一起在街市開檔，是否就能平安度日？

「他結婚時只有 27 歲，那麼年輕，要有些上進心。男士應該有事業，到外面見識一下。我帶著小朋友、老人家沒辦法，我不想他在街市消磨日子。」

意外後上司跟趙太討論恩恤賠償時說，趙高勤奮上進，什麼工作都肯做，不會偷懶，不會偷工減料，同事有手尾沒做完，他也會完成才離開，很有責任心。這番話，對趙太意義重大。

除了努力工作，趙高也是孝子。家裡的財政狀況一直緊絀，先是趙太有長期病，要定期看醫生買藥。其次趙高的父親在家鄉鄭州患癌，母親亦有心臟病，他努力工作為家人支付醫藥費，留給自己一家的，所剩無幾。

沙井意外前一年，趙父去世，翌年趙的祖父也離世。醫療負擔一下子減輕，趙高答應妻女，帶她們到台灣旅行，給太太買鑽石戒指，又說到泰國吃自助餐。一家人的生活規劃，可重新開始。

誰知在同一年年底，連趙高都走了。他一輩子為家人而活，自己沒享受多少，妻女也一同捱窮。而那隻結婚戒指，最終也沒買到。

倔強女兒

出事當日是 12 月 22 日，再多三天便是聖誕，本來爸爸答應女兒，聖誕帶她吃朱古力噴泉，女兒滿心期待。

趙小妹妹跟母親不一樣，她天生一副烈性子。趙高過身幾個月後，趙太聽人說不要保留亡魂的東西。丈夫出事時穿著的工衣沾了毒氣，在醫院已處理；其餘的衣服，都拿到殯儀館火化了。剩下家裡一張床褥，是他經常睡的，趙太便把它拉到垃圾房。

誰知八歲多的女兒發現了，不允許媽媽這樣做，她獨自到垃圾房，一個人把床褥拉回家。

這是趙太把床褥棄置的地方，女兒竟然獨自把床褥搬回家。

那床褥其實是女兒的，就是鋪在東華三院送的鐵床上。爸爸開夜班時，白天會睡在她的床，所以床褥帶有爸爸的氣味。晚上睡覺前，爸爸也會跟她躺在床上打電動遊戲《三國戰紀》。那個有毒的沙井令她與爸爸陰陽相隔，但爸爸的味道仍留在床褥。她晚上掛念他時，也是呼吸這味道流淚的。

趙太堅持把床褥丟掉。一星期後，趁著女兒上學去，她把床褥拉到樓下幾層的垃圾房，再買了一張一樣的床褥，蓋上原來的牀單。女兒隔了很久才發現，怎麼床褥沒有了原來的味道？她才知道連爸爸的味道都不能留下。

物質雖然匱乏，但趙高給女兒留下的，是滿滿的溫馨回憶。他們不曾到外地旅行，別說坐飛機，連海洋公園、迪士尼都沒去過。一次到西貢潛水，爸爸下水，母女在沙灘玩，已是歡樂的片段。周末的節目，是到深水埗西九龍中心買泡芙，逛逛超市買零食，到酒樓飲茶。或者留在家裡，父女跟著youtube 做曲奇和蛋糕。

爸爸平日省吃儉用，連杯麵都覺得貴，寧願買即食麵回公司煮。有時做得晚了，上司請食宵夜，付錢給他們到便利店買雞髀和果汁，他買了捨不得吃，都拿回家給女兒。儉樸生活提煉出純粹的父愛，一點一滴的記憶，女兒銘刻在心。

爸爸一聲不響離去了，當時她唸三年級，正值疫情，學校都變成網課。她不上課、不做功課、不吃飯，每天拿著手機看《愛回家》，從早到晚做蛋糕。打擊太大，年紀小小的她無法疏理情緒，她不斷問媽媽一個問題：為什麼爸爸要做這份工。

「疫情期間不能出街，屋企又細，公園又不能去，我們的心情都很差。」趙太說。

本來樸素幸福的三口之家，突然變成單親家庭，趙太不知所措。以往與丈夫一起管教女兒，爸爸做惡人，媽媽做好人，很多督促的說話都由丈夫來說。如今她一人擔當兩角色，她心情也不好，女兒發脾氣時，她不知怎面對。她連自己都不懂安慰，更不知如何安慰女兒。

趙太常常打開手機看家庭合照，尤其是感到氣餒時。

工權會的姑娘跟她交流管教之道，又帶她女兒出街，參加其他工殤遺屬的活動，讓趙太稍能休息。學校的管教子女課程、心理課程，趙太也會參加，盡量學習管教女兒的方法。

丈夫過身至今兩年多，女兒也快十一歲了，性格獨立又有主見，趙太揣摩到與她相處之道，就是不把她當作小孩。

「我們的相處不是母女的相處，是朋友的相處，或者是閨密的相處。我有什麼都會跟她說，我的一切她都知道了，她有什麼也要告訴我，無論是用錢、交朋友。」

趙太的女兒喜歡下廚，是日參加工權會舉辦的月餅製作班。

堅強面對

現在女兒一星期三天給她做飯，自己到街市買菜，反過來照顧媽媽。她拿手菜式是蕃茄炒蛋，甚至弄過東坡肉，也會煮蕃薯糖水、紅棗薑茶。這個女兒，是她唯一的寄望。

「那時（丈夫出事時）想過跟著他走，畢竟也是很好的一段愛情。但小朋友這麼小，如果我走了，她會不會被送去保良局、東華三院？」

一想到女兒會變孤兒，她就決定熬過去，直至熬不住為止。

趙太至今仍未能克服傷痛，遇上過時過節最難受。她身體不好，要長期覆診服藥。她自忖，自己萬一有不測，希望女兒懂得照顧自己。她刻意訓練女兒下廚，女兒煮什麼，她拼命讚賞，鼓勵她多嘗試。「大吉利是我走了，起碼她會煮飯，不會餓死。」

悲傷情緒來襲時，她只能壓抑自己，躲起來哭，或者不跟別人說話，獨自安靜下來。有一次，她吃藥後一時疏忽喝了酒，差點出事。

「那次死唔去，睡了幾天，個天唔收我，否則我真係會死。」

「我也跟個天說，如果女兒長大了有份好工作，懂得照顧自己，到時你要我走，我也走得安樂。」

五年級開始，她讓女兒獨自出門，訓練她獨立個性。她不求女兒成龍成鳳，讀書只要每科及格，連升中選校都由女兒決定。她只求她健康成長，將來做個好人。

中港文化差異

安頓好自己一個家，還有丈夫在鄭州的家人。趙高的母親患上嚴重心臟病，最初趙太想隱瞞丈夫死訊，但又想，如果屍體火化了老人家才知道，趙家追究起來，這責任她怎負得起？

結果她告訴了阿叔，然後嬸母把消息傳遍全村。趙母知道後傷心欲絕，走入樹林把頭撞向一棵又一棵樹幹。男家親戚不明白香港工業意外的訴訟和賠償程序，聲言一天不賠償，屍體一天不火化，七咀八舌還說要見官。

心本已傷，還要處理中港文化差異，開解憤怒親友。親友從河南來到趙太深水埗的街市檔口訴冤，她有理說不清，掏出一張 500 元鈔票，叫他們乘的士到竹篙灣找徐英偉（當時的民政事務局局長，確診肺炎正在隔離），他們搞不清那是誰；趙太沒好氣說：那你們找林鄭吧！他們又怕官太大。擾攘一輪，結果工權會幹事帶親友見律師，律師解釋一番後，親友的怨恨才平息。

但趙母知道兒子無辜喪命後大受打擊，病情惡化，被送入醫院的加護病房。趙太人在香港無法照顧，唯有把拿到的恩恤金，每月寄到鄭州，暑假帶女兒回鄉探望，代丈夫孝敬母親。

「我會代老公盡兒子本份，養到佢百年歸老，等我老公走都走得眼閉。」趙太淡然地說。

法內無情

工業傷亡權益會幹事卓詠恩

眩暈的光線映照每個角落，法庭內充斥着春天的霉味；同時，堂內瀰漫著沉重的氣壓。我手心冒汗，拼命抑制自己的緊張與不適。

突然，一聲的哀鳴，劃破了法庭內的寂靜。大聲疾呼、痛心流涕、交頭接耳，是接下來發生的事。這些並不是電影場面，而是在過去的日子裡親身望見、真切感受到的見證。

卓詠恩姑娘每次走進法庭，縱使煎熬，同在也是一種力量。

入職不久，我便跟着同事一起陪伴趙太、樊太到法庭聽取赤鱲角污水井意外的審訊，亦認識了兩位性格截然不同的女士。法庭上，律師們針鋒相對，法官亦不斷打斷各種發言，旁聽席上的我們也像坐過山車般，心情大起大落。每當見到一個似乎有力的呈堂證據，心中便對正義能得彰顯多了一絲希望；但見辯方律師不斷試圖反駁，心情也跟着焦慮起來。

法庭內的悲哀

刑事檢控程序持續多日，我們每天相約庭外，再一起進場旁聽。因預期是場「硬仗」，大家都懷着複雜的心情，見面也沒太多話，只簡單寒暄幾句；但我總會在開庭前與兩位太太握手打氣，希望透過手的溫度給予他們支持和鼓勵。這個簡單的動作，成為了我們的「日常」，也成為了眾人的力量。

法庭上多次播放意外時的閉路電視片段，出事影像一幕又一幕展現在最親的家屬面前，即使事件已經過了兩年多，亦難免讓家屬難受、心酸。旁聽審訊期間不能發表意見，即使面對着荒謬的論據，家屬禁不住哭泣，亦只能換來法官的一句「肅靜」，那份無力感讓人十分難受、煎熬。在法庭裡的每分每秒都要花很多力氣，每次結束後只能拖着筋竭力疲的身驅回家。作為陪伴者的我也這樣了，更不敢想像經歷喪親之痛的他們要如何面對。

有次趙太十一歲的女兒一同出席審訊，初時她一言不發，直至看到那段令人痛心的 CCTV。她禁不住流下眼淚。趙太抱着女兒、安慰她，自己也紅了眼。兩母女在趙生離世後都堅強地面對生活；但當刻，她們再也忍不住，無數的思念隨眼淚湧出，心情亦如倉皇飛散的雁群一樣無助，法庭內的一切，她們只能默默接受。

司法裁決是工友的全部？

工友們辛苦勞碌地為城市付出、甚至犧牲，最後就只有家屬的眼淚，以及抽空所有情感的司法裁決。有些工友更慘被污名，死後也無端被判定是其本身疏忽導致意外。

奪命意外過後，家屬只能無止境等待繁複的法律程序；「命都冇埋」的殉職者，僱主恐怕不會記得，社會整體亦不以為意，一件又一件意外，彷彿就只是令人遺憾的個別不幸事件。

好好掛住

法庭的判決，令趙太的心結一直解不開。她不禁反思，生命最後的結果就只是數萬元？

PIXAR 動畫電影《玩轉極樂園》（Coco）有一句深刻的對白：「生命最終極的死亡，是當人們都遺忘的時候」。

事隔三年，當提起趙生時，趙太仍會傷感，仍會不自覺流淚。想起法庭的判決，她更是有數不盡的無奈與鬱結。與此同時，她也明白，這種無力與痛的交織是不會消失，在她心裡，趙高不是法庭上的一宗個案，而是一位完美丈夫。

工殤，不應被遺忘。每位工友都是有血有肉、有故事的人。

借香港歌手陳健安的歌曲《好好掛住》來送給經歷哀傷的每一位：

「好好掛住你留過一串笑聲
好好掛住你凝看的美景
或是再沒有呼吸聲但這次偶遇仍雋永
你繼續存在 縱不再能回應
心中有座城 未傾倒 如行星
在天空宇宙間見證
仍然是你 為我引光迎來路徑」

情緒來襲時請讓自己好好掛念，即使彼此已無法再於地上相見，但只要將對方放在心中，他們一直都在。相信有關趙高的回憶，已深深烙印在趙太和女兒的心裡。

丈夫猝逝後，留下前一晚睡覺時穿過的衣服，衣服上還有他的味道。有一段時間，譚太常常拿起這件衣服拼命嗅，又拿他的牙刷、鞋子來嗅，這味道成了她的寄托。覺得委屈時，又躲在房中摟著這衣服哭訴，彷彿丈夫仍在身邊。

第8章

譚太——被迫急速成長

陳惜姿

意外詳情

日期	2021 年 4 月 9 日
地點	青衣貨櫃碼頭
死者	譚雙貴 (37 歲)
經過	倉務員譚雙貴在貨櫃碼頭當著 24 小時一更的工作，為了生計不斷加班，經常連續幾個通宵地開工。有一天抵達碼頭準備開工時突然暈倒，送院後不治。生前有胸口痛徵狀的他，證實死於冠心病。
家庭狀況	譚本與雙親、妻子和三名分別是十歲、四歲和兩歲的兒子同住， 疫情時一人養活一家七口。他離世後，譚太得工權會協助獲得公屋分戶，同時得到公眾捐款，協助她渡過難關。
賠償問題	勞工賠償要求僱員在工作時間、工作地點，因工受傷才合資格。譚先生最後死因是疾病，不會得到僱主賠償。在工作時因病死亡的個案，在香港一年有一百多宗。

DP WORLD
PIL
PIL
PIL
PIL

倉務員譚雙貴於青衣貨櫃碼頭猝死，死因是冠心病。雖是工作時間在工作地點去世，他的死卻與工業意外無關，所以得不到勞工賠償。正值疫情，他是家裡唯一工作賺錢的人，身故後遺下一家六口——同住的雙親、30 歲的妻子，和三個只有十、四和兩歲的兒子。

工權會幹事了解到譚家的情況，極力游說他們接受大眾捐款。工權會若不替譚家籌款，他們的生計會即時陷入困境。然而譚母及譚妻非常猶豫，她們不想死訊曝光，擔心鄰居議論，亦自覺受不起這份恩惠。幾經游說，譚家終於接受捐款，生活得以穩定下來。

但丈夫猝死帶來的恐懼與傷痛，依然苦纏著譚太，使她每天被焦慮折磨。那筆捐款，以至生活上的種種，令她忐忑不安。三年過去，她盡力克服焦慮，改變自己，不斷成長。

原籍湖北的譚太 18 歲到惠州工作，認識譚雙貴後，20 歲嫁來香港，在天水圍過著無憂無慮的日子。她一直留在家中照顧丈夫、兒子和家翁家姑，甚少踏出天水圍，連乘西鐵都不懂，只會坐輕鐵。

丈夫在貨櫃碼頭當倉務員，當的是 24 小時一更的工作，最初只有一個兒子時是最輕鬆的，工作 24 小時，可以休息一天。然後二子出生，他會多返一兩晚通宵。到三子出生了，他工作繼續加碼，有時四五天連續通宵，一直留在貨櫃碼頭，五天後才回家。

一個 24 小時的更，有同事和他一起工作，可以輪流休息，但要隨時候命，始終不是深層的睡眠。

最要命是，回家後也休息不到。360 平方呎的公屋單位住了七人，一個房間給父母，另一房間給太太與兒子，他要睡沙發。三個兒子年紀小，白天吵得不得了，他也是睡不到。

疫情下，從事屋邨維修的譚父失業，全家只有譚雙貴一人工作。出事前兩、三年始，譚雙貴一年幾次胸口作痛，發作時按著胸口一臉難受，卻沒告訴家人詳情。臨終前一年發病更頻密，他到天水圍的社區診所檢查，也沒查出什麼，醫生只著他定期覆診。

燈火通明的貨櫃碼頭，需要工人輪班通宵工作。

他告訴妻子倉務員的工作不算辛苦，只是時間太長，休息不夠，但家裡的負擔太重，他不敢貿然轉工。

雖然工作辛勞，譚雙貴是不折不扣好爸爸，就是在家休息時間有多珍貴，他會把鬧鐘調校至下午 5 時，起床跟兒子玩桌遊，玩個多小時才吃晚飯。媽媽孩子們的聚會，只有他一個爸爸出席，出事前幾天，他還跟家人到馬灣遊玩。

出事那天

出事那天早上，譚雙貴帶大兒子覆診，中午回家吃過簡單飯菜，便乘車上班去。

譚太每天早上都給睡在沙發的丈夫一個擁抱，她回想，那天她觸摸到的丈夫跟平時不同，人是醒的，手腳卻是冷冷的，當時並沒為意。下午 4、5 時，兒子拿著她的手機玩遊戲，以致她有多個未接來電。過了十幾分鐘她才接到電話，得悉丈夫暈倒入院，對方著她趕快到仁濟醫院。

帶著三個兒子，由天水圍乘綠色的士再轉紅的到達荃灣，她的心一直往下沉。老爺奶奶從她口中聽到消息，本來還輕鬆地說不過是暈倒，不必太緊張吧。他們比譚太先到醫院，老爺致電媳婦，在電話裡沒說詳情，只謂來到再說，譚太已心感不妙。

到達醫院，見到奶奶激動得要坐輪椅，嚎哭著說孩子的爸死了。

譚太聽到消息，不敢相信。雖有預感情況不妙，仍不能接受丈夫突然去世。她當時把幼子抱在胸前，呆坐時摟著兒子，垂下頭，感到渾身寒冷，像天塌下來不知如何反應。她哭不出來，告訴自己「不可以倒」。身旁兩個兒子更是茫然，爸爸早上還好端端在家裡。

個多小時後，護士終於出來，說醫生把能用的方法都用盡了，仍是救不回來，他們可進去見死者最後一面了。譚太看見丈夫，終於崩潰大哭。他眼睛閉上，咀唇發紫，手腳都冷了。一家老少不斷拍打他，叫他不要走。奶奶拼命揉他的腳板，希望他回暖返回人間。

一家人跟逝去的譚雙貴難捨難離，直至醫院員工說時間到了，他們仍是抱著屍體不放。工作人員把屍體推到另一房間，隔壁就是靜室，家屬可在那裡再冷靜一下。

回到家裡已近 11 時，當晚和之後幾個晚上，譚太都懇切期待門鐘響起，開門時看見護士來訪，說譚雙貴沒有死，是誤診了。

死於自身疾病 沒有賠償

驗屍過後，證實譚雙貴死於冠心病。同事說，譚當天上班時追小巴，到達貨櫃碼頭時不斷喘氣，說胸口很不舒服。同事問他要不要休息一會，他吃了一顆止痛藥，休息過後稍好，便坐上同事的車到碼頭的工作位置。

車還沒開動，同事就發現他暈倒了，臉色變紫，他們合力把他扶下車，讓他平臥在地上為他急救，他仍沒醒過來，之後便送院。

「我性格一向容易焦慮，他可能怕我擔心，一直沒告訴我那是什麼病。我和他兩個家庭都沒有人患心臟病，我根本不認識，也不知他照了心電圖。我只知他心口痛，不舒服，他有看醫生，會定期覆診。」

譚太後來上網看資料，知道冠心病是隱形疾病，一般心電圖也未必驗得出來，但丈夫在政府醫療得到的服務僅此而已。

「沒辦法，我們基層是這樣的，又沒錢看私家。」

因為譚雙貴在工作地點猝死，工權會幹事林靜儀接觸家屬。知道譚先生是未曾開始工作時，心臟不適離世，以她的經驗，頗肯定家屬不會得到賠償。

林靜儀說：「勞工賠償要求一個僱員在工作時間、工作地點，因工受傷才合資格。譚先生不是因工受傷，最後死因是疾病，就不會得到僱主賠償。」

在工作時因病死亡的個案，原來數目也不少，在香港一年差不多二百宗。

林靜儀跟譚太通電話，了解到譚家的處境艱難，便建議由工權會替他們向公眾籌款。最初譚太和譚母都拒絕，他們寧願拿綜援也不接受捐款，但綜援不包括孩子的學習費用，她兒子的興趣班、補習班全都要停。花盡唇舌，他們終於答應，但幾年來，譚太一直就捐款感到矛盾。

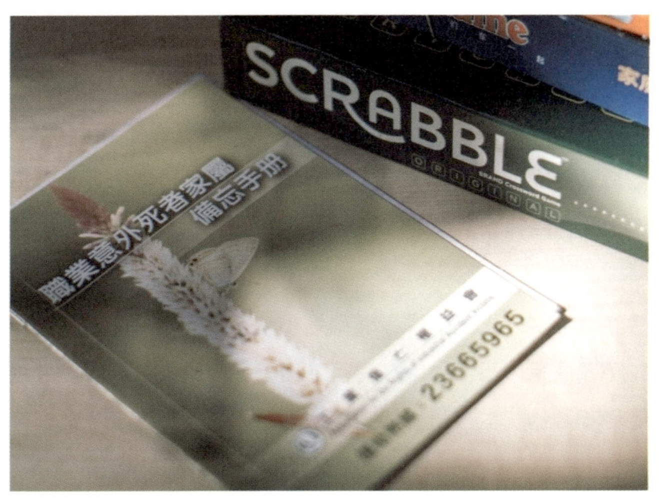

事故後林靜儀姑娘提供支援服務時供譚太參考的備忘手冊

經常感到焦慮

她最初對公眾捐款有保留，主要是不想把丈夫的死訊曝光。

譚太婚後十年甚少離開天水圍，天水圍幾乎是她生活的全部。她害怕鄰居議論，說她年紀輕輕丈夫離世，是不是「剋夫」。她更怕別人議論她的孩子，怕同學或朋友知道後，會欺負他們。

她囑咐兒子，若人家問起他爸爸，不要跟人說他死了。談到這話題，要迴避。學校的老師知道後覺得不妥，這教育方法會影響孩子成長，曾跟譚太討論此事，但沒介入太多。

她性格本已容易焦慮，丈夫離世後，她更懷疑自己有創傷後遺症，經常感到疲倦。她覺得緊張時，會呼吸不到，心跳很快。她做過問卷，發現焦慮指數爆燈。她本來是溫室裡一朵小花，被丈夫愛惜著，電費、電話費、屋租怎樣交全不知道，西鐵站在哪裡不知道，全都倚賴丈夫。突然孤身一人面對生活，令她精神繃緊。

像是有一次，大兒子學琴遲到半小時，手機沒電聯絡不上，她不知所措，恐慌地站在琴行外面，冬天的天很早便黑了，她心裡想到一些很恐怖的事，他會不會被人拐走了？她求神拜佛，跟神明說要她犧牲什麼都可以，千萬不要讓兒子有事。之後兒子來電報平安，她才舒一口氣。

自覺要再刻苦一點

丈夫過身後，工權會幹事替她跟房署申請恩恤安置，使她跟三個兒子有公屋單位，不用與老爺奶奶同住，緩解因丈夫離世而日漸緊張的婆媳關係。得到公眾踴躍捐款，足以支持一家的生活，但這筆捐款一直令她坐立不安。

> 「我常常覺得，以我的情況是不值得擁有這筆捐款的，社會上比我慘的人更多。我們有手有腳，老爺奶奶又做得，我們都應該更加努力。」

她其實已很努力，幼子進幼稚園了，她每天到餐廳當兼職侍應五、六小時，又到僱員再培訓局修讀長者照顧課程，準備將來求職。

但她認為，她要更刻苦工作，靠雙手撫養三個兒子成長，他們才會成才。她相信現時生活要坎坷一點，將來才會有好日子。她甚至覺得沒資格擁有穩定的生活，因為生活過得太好，會對不起丈夫。

激烈的內心掙扎，不斷困擾著她。筆者疑惑，這些牢牢捆綁她的觀念從何而來？電視劇？傳統家庭教育？現實是，若單親媽媽整天忙著工作，無暇照顧孩子，遑論督促功課，幾個孩子要成才，難度必然加倍。

譚雙貴非因工業意外去世，工權會替遺屬籌款，也是經過嚴格審查，知道他們獲賠償的可能性低，家中需要卻甚迫切，才出手幫忙。

工權會幹事林靜儀游說譚太接受捐款其中一個論點，是丈夫在工作時間猝死，而非在家離世，是冥冥中的安排。若他在家心臟病發去世，根本不會有新聞報道，工權會和公眾便不會知道，也就沒有公眾捐款的觸發點。

> 「其實先生是特意選擇在工作時間離去，我覺得是安排好的，是先生留下來給小朋友的。」

這說法觸動了譚太，為了孩子，她決定接受捐款。她劃下界線，捐款只用在孩子身上。她買衣服或日用品，只會用兼職賺來的錢，這令她感覺較好。

長子讀書成績優異，全級考前十幾名，數學科尤其出色。譚太也自認是虎媽，要他補習之餘，每年書展必定拉車仔到場搜羅補充練習。次子唸小三，也要專科補習，學費不菲。她希望兒子讀多點書，將來找到高薪工作，不要像爸爸幹粗活。

母當父職 自強不息

經歷巨變，譚太被迫急速成長，33 歲的她撐起一頭家，盡力照顧和教導孩子，努力緩和跟丈夫雙親的關係，希望能擔起丈夫在家中的角色。

不過幾年前，她還是被寵著的妻子。丈夫猝逝後，留下前一晚睡覺時穿過的衣服，衣服上還有他的味道。有一段時間，她常常拿起這件衣服拼命嗅，又拿他的牙刷、鞋子來嗅，這味道成了她的寄托。跟奶奶爭執覺得委屈時，又躲在房中摟著這衣服哭訴，彷彿丈夫仍在身邊。

如今母當父職，她要陪三個男孩跑步、踢足球，打二對二的籃球——大哥和二哥一組，媽媽和弟弟一組，不懂球例的媽媽總是亂搶球。

不能在外面跟人提起爸爸，但在家裡，譚太常拿舊時的相片和影片出來，跟兒子一同看，尤其丈夫去世時二子和幼子尚是年少，她怕他們會忘記。到曾咀掃墓時，兒子會把畫好的畫燒給爸爸。

她也經常出席各類講座，特別是管教孩子的，也會看育兒的書。她自知有焦慮問題，令兒子缺乏安全感。她希望能在孩子成長時，給他們一個情緒穩定的環境，現在尚未做到，但她在努力中。

後記

本來離不開天水圍的譚太，現在哪一區都懂得去，雖然她跟筆者步行至油麻地站時，仍稱它是「西鐵站」。

寫這訪問有點壓力，孩子連父親已歿都不能對外人說，這訪問刊出後會給譚太帶來幾大困擾？多得她對工權會幹事林靜儀的信任，願意分享這幾年的心路歷程，她希望讓三個兒子看這文章，對父親有所認識。

最後林姑娘說：「家屬往往比我們想像中更堅強。」

譚太從前只懂依靠丈夫，現在學會靠自己

為母則剛

工業傷亡權益會幹事林靜儀

記得於 2021 年 4 月 9 日，從新聞報道得知一名 37 歲姓譚倉務員於貨櫃碼頭工作時暈倒猝死，當時與同事討論工作安排時便道：「哎呀！依啲歲數分分鐘又係仔細老婆嫩同有父母要養，暈倒猝死仲可能係自身疾病而唔會有僱員補償……」隨後便展開緊急應變。由於當時香港第四波新冠病毒疫情未止，工權會暫停調派幹事到醫院即時支援的服務，所以我們只能嘗試從不同渠道接觸譚生的家人，可幸最終成功與譚太取得聯絡，能進一步提供協助。

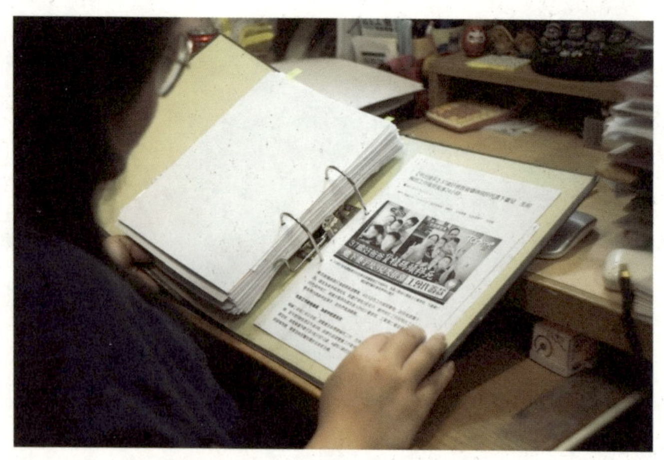

林靜儀姑娘翻看譚太丈夫事故的新聞，感受到家屬比他們想像中更堅強。

第一次與譚太電話聯絡時，得知她與丈夫育有三名年幼兒子，最小的才 2 歲，並與年邁的譚父譚母同住一個三至四人的公屋單位。原本譚父亦有工作，惟因疫情而停工，譚生便成為家中唯一的經濟支柱，一家七口全靠譚生的收入支持。譚雙貴猝死，家中積蓄亦所剩無幾，連他的殮葬費亦是問題。

當時我向譚太分析，家庭經濟如此困難，莫說目前的殮葬費，連日後兩老及三名兒子的生活費及學習費都是大問題，加上若譚生因自身疾病而亡，獲得僱員補償的機會微乎其微，我便建議譚太接受公眾捐款以解燃眉之急。沒想到面對如此困境的譚太居然堅決拒絕……一來譚太與譚母擔心家事曝光會惹來旁人說三道四，二來譚太認為可以暫時申領綜援，待兒子們都讀小學後她便可外出工作賺取收入。

雖然我很欣賞譚太自食其力的想法，但工作經驗告訴我，類似的家庭如只靠綜援生活，除了生活質素會大跌外，學童原有的課外學習和活動亦會因無法支付學費而需停止。驟然失去至親已是無法言喻的痛，若同時還要承受經濟重擔及適應生活巨變，那種壓力和壓抑足以令一家人都無法喘息，所以我又死心不息的再與譚太及譚母分析當時的狀況、未來可預期的困難、三名小童的學習和成長等。經過數天考慮，譚太為了讓三名兒子有穩定的學習經費，不至因失去父親而失去穩定生活和學習機會，終於同意接受公眾捐款。而我也終於可以稍稍鬆一口氣，不用再日思夜想如何說服譚太及譚母。

見證譚太的蛻變

我剛認識的譚太是單純且「傻更更」的，她身型瘦小，個子不高，是典型的小女人模樣，卻又滲透出堅韌而強大的光芒。她年紀輕輕便嫁給譚生，生下大仔後便做了全職媽媽，從內地來港生活後居於天水圍，並一直以照顧家庭及三名兒子為生活重心。最令我震驚的是她來港多年，居然只懂得坐輕鐵，對其他公共交通工具一竅不通，平時一家外出就跟著譚生走，從未試過自己獨自坐地鐵離開天水圍。因此在譚生離世後的一段時間，每次需要外出辦事都需要我到天水圍接送。

譚太常常說她覺得我很厲害，我只比她大一歲，卻甚麼都懂，並會幫她一同分析和考慮。有一次與她外出辦事後送她回天水圍，她說想與我單獨去餐廳坐坐和聊天。在餐廳裡，我們閒話家常，譚太又再說起她覺得我很厲害，並很感激我在那段艱難的時間裡一直陪伴和協助她。說著說著，她又熱淚盈眶，問我為甚麼這麼熱心幫她。可能是被她的眼淚感染，我也不自覺鼻酸起來，我還很清晰記得我當時回答她說：「因為看到你真的很不容易，你比我小一歲，卻已經是三個兒子的媽媽。以後的路還很漫長，也不輕鬆，所以很想盡力為你和三個小孩做點甚麼，讓你們日後不至於太艱難……」說罷我的眼淚也流了下來，譚太的眼淚也是止不住，然後我們兩個女人像傻瓜一樣在餐廳裡又哭又笑，是感觸，也是感恩，感恩我們能互相認識。

後來又過了一段時間，譚太慢慢學習自己坐車外出，雖然她仍搞不懂自己要坐哪條地鐵線或哪號巴士，但她很願意嘗試，即使有時會坐錯站或落錯車，她也敢去問人。她說要做三個兒子的好榜樣，所以她努力讓自己作出改變。雖然她已十多年沒工作過，仍選擇重返職場，在兒子們上學時做兼職，讓兒子們知道生活所得的一切都不是必然的，要自食其力才能得到的。譚太這幾年的成長和蛻變確實令我震驚，她表現了女性的柔弱，同時展現了一個母親的剛強。雖然仍未走出譚生離世的陰霾，但她不再是那朵溫室裡嬌弱的小花，卻像是逐漸朝著太陽生長的太陽花。

林靜儀（左）翻看譚太丈夫事故新聞，感受到家屬比他們想像中更堅強。

「現時的法例太 Out 了⋯⋯未必看得見的傷痕才算是『工傷』。」

第 9 章

勞動節女兒逝世 8 年 胡媽媽堅持——過勞致命

（本文於 2024 年 9 月 5 日刊登於《誌》，承蒙《誌》編輯部授權於本書刊出）

意外詳情

日期	2015 年 10 月 19 日昏迷，2016 年 5 月 1 日離世
死者	胡家怡（26 歲）
經過	任職採購的胡家怡工時長強度高，經常要往返內地。2015 年 9 月，胡感不適曾看醫生，10 月 15 日在內地失蹤，在深圳被尋回後神智不清。其後被送到北區醫院，連父親也認不出，胡媽說當時女兒像另一個人：「見到父親也縮起來，動作似個小朋友。」家怡於 10 月 19 日昏迷至翌年 5 月 1 日，因肺炎及抗 NMDA 受體腦炎離世。雖然胡媽媽多番爭取，勞工處始終否定家怡的死與工作過勞有關。
家庭狀況	胡家怡有父、母和一兄。

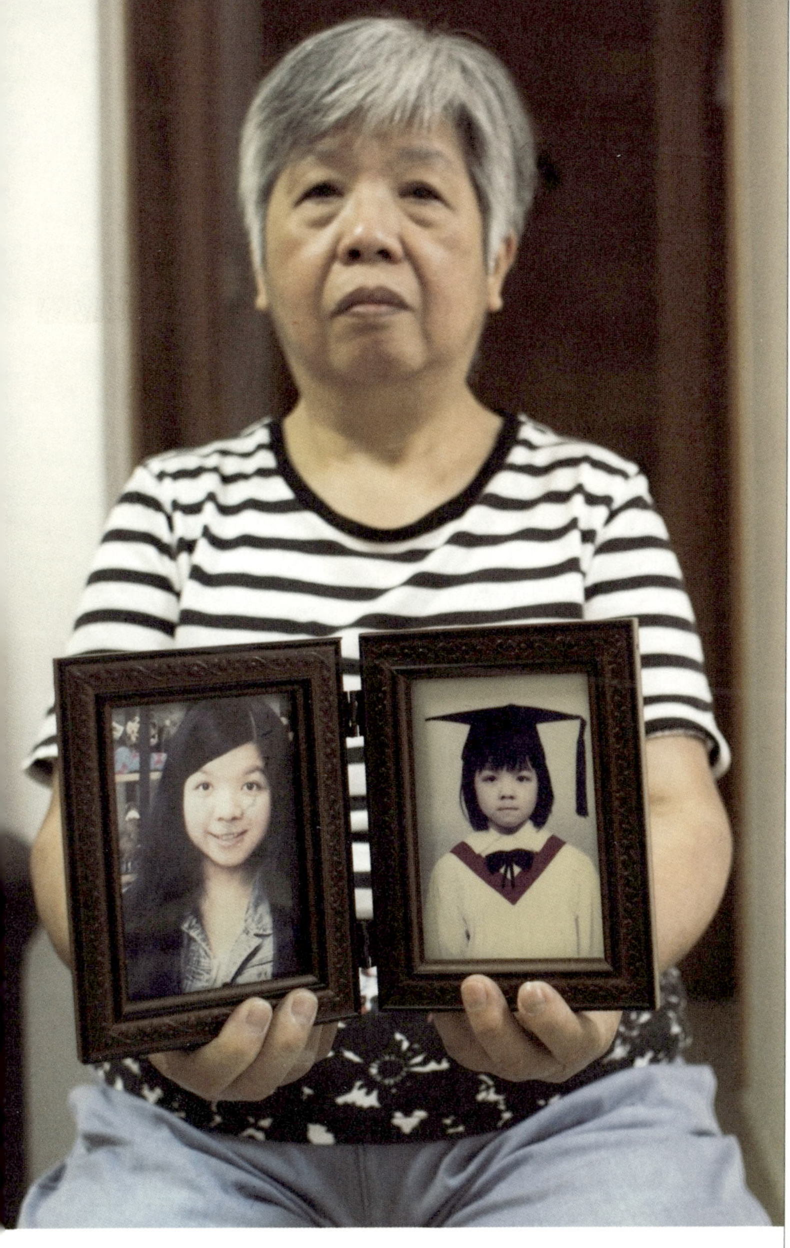

胡媽媽希望為工作過勞而死的女兒討回公道。(關震海攝)

「要 ot 嗎？ 18：13」

「要 18：32

不用等我 18：32」

上述 WhatsApp 紀錄是 2015 年 10 月胡媽媽與女兒胡家怡的對話。胡媽媽稱任職採購的女兒胡家怡經常獨自往返內地工廠工作，早出晚歸，日做超過 12 小時。10 月 15 日病倒，送院後語無倫次，10 月下旬昏迷至翌年 5 月 1 日死亡。女兒死時僅 26 歲，胡媽為女兒討公道四處奔波，勞工處早否定女兒因加班以致病重，拒絕承認工傷，多年來投訴無門，她亦怪責自己「我教女兒工作要敬業樂業，幾辛苦都要做，是我害死她……」。

胡家大廳擺放著各大媒體有關過勞死的剪報。

8 年後一個雷雨交加的早上，本刊記者到胡家探訪胡媽媽，赫見餐桌上擺放著不少有關過勞死的剪報 ——「份工 Chur 爆你 10 大徵兆」、「入職半月 早出晚歸派件 速遞員做到死」、「去年 98 名打工仔過勞猝死」，每一份剪報，胡媽媽咀嚼細節，縱使傳媒以「過勞」作標題，但政府始終沒有為過勞立法。「現時的法例太 Out 了，政府應參考不同的個案，未必看得見的傷痕才算是『工傷』。」胡媽媽心有不甘向記者說。

多年來胡家怡之死被勞工處定為「死於自體免疫疾病，與工作無關」，成為胡媽媽的心結。她向記者展示女兒臨終前向外「求救」的 WhatsApp 紀錄與死亡報告，希望公眾多些討論過勞死，避免再出現打工仔做到死的情況。

工業傷亡權益會表示，香港勞工法例比其他東亞地方落後 20、30 年，醫生、勞工處對過勞死欠認知與研究，縱使家屬想追討，在法理上亦沒有基礎，最後只能放棄訴訟。

女兒上進 畢業前入職紡織公司

在胡媽媽眼中，胡家怡是一個不用父母操心的乖女孩，「從小自己上學、升中學的第一、二志願都是由她自己填寫，很多老師也讚她。」胡家怡從沒有令雙親失望，升讀理工大學的「皇牌科目」服裝及紡織，在學時做兼職幫補家計，且很早發展自己的時裝事業，在社交媒體開時裝網店。

在畢業前一年，她轉職至 Gracedon Knitters（驅騰針織廠）公司，負責採購及營銷，月薪 $12,500。當時胡跟媽媽說「想去大公司學嘢」，縱使有時會加班，到廣東公幹，她也可以接受。胡媽媽憶述，女兒於 2014 年 10 月入職初期準時下午 5、6 時回家，至 2015 年農曆新年之後，女兒開始到廣州中山工作，經常加班，有時連食午飯時間也沒有，亦不批准請假。

女兒回家後便抱頭大睡，晨早出門時「手拿一袋二袋拎出去」，家怡稱要帶貨辦往內地工廠，經常工作至凌晨 1 時才回家。直至 2015 年 9 月，女兒感不適曾看醫生，怎料 10 月 15 日女兒在內地失蹤，在深圳尋回後神智不清。其後被送到北區醫院，連父親也認不出，胡媽說當時女兒像另一個人，「見到父親也縮起來，動作似個小朋友。」

翌日（16 日），胡媽親自探望安慰女兒：「不要想太多，瞓一晚就無事」，怎料家怡突然眼神呆滯的凝視母親，一時情緒激動痛哭，並用普通話大喊：「怎麼辦！趕貨啦！趕貨啦！死啦——」護士替她打鎮靜劑才平靜下來。入院後兩、三天，家怡於 10 月 19 日昏迷至翌年（2016 年）5 月 1 日，當時據報是併發症肺炎離世。

死於抗 NMDA 受體腦炎

對於女兒失心瘋行為，胡媽媽至今不解，親人曾一度以為「鬼上身」。事隔 8 年後，胡媽媽向本刊公開女兒的死因報告，報告指「根據胡家怡的醫療報告，她被確診為抗 NMDA 受體腦炎（anti-N-methyl-D-aspartate）」報告中，並沒有描述家怡生前職業、工作情況與精神壓力。

據台灣醫學論文《抗 NMDA 受體腦炎—案例介紹與文獻回顧》，此疾病為罕見病，常伴隨精神行為改變、運動異常、情緒不穩、思維混亂、癲癇發作和認知功能障礙，因此常被誤以精神疾病治療。私人執業醫生陳醫生（化名）回覆本刊表示，該疾病主要有兩個成因，包括是自身的免疫問題或者與癌症有關，暫時在臨床上未有聽過會因為壓力而造成。

胡家怡在親人眼中精乖伶俐，大好前途，怎料 26 歲英年早逝。

記者追尋胡家怡失蹤的一天，2015 年 10 月 15 日星期四，在中學同學 WhatsApp 群組中，同學十分關懷家怡的近況。家怡當時透露要到中山工作，「I am super moody 」「我好想死」「嘈到我想核爆 1000」，縱使兩位朋友安慰她，甚至表示想見她，家怡亦沒有回覆，只稱「In mainland coming back 好辛苦」。記者亦找到家怡在 10 月 14 日在社交媒體向朋友訴苦：「Maybe busy till i die」。

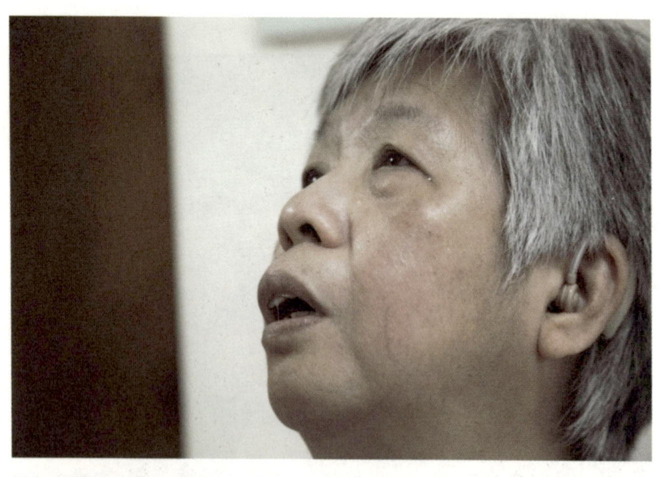

近年在職死亡頻生，胡媽媽希望社會和政府多關注、研究有關個案，避免打工仔過勞至死。

本刊取得胡家怡於 2014 年的入職合約，合約表明周一至五的工作時間是早上 9 至下午 6，合共 8 小時；周六工作 4 小時。胡媽媽透露，女兒日做超過 12 小時，是超出合約所訂出的工作。因此，胡媽媽曾向勞工處申請工傷，冀替女兒爭取公道。勞工處當時回覆胡媽媽指不同意「傷患可能是長期加班引致」的說法，並指家怡「傷患情況屬自體免疫疾病，及沒有確實醫學證據顯示胡小姐的傷患情況是與工作有關」，拒絕承認家怡過勞致死。

家怡離世不久，僱主「驅騰針織廠」一度要求胡家人接受賠償協議，亦向胡家稱倘若想申請工傷，建議找公證行作評估，胡媽媽聞言大怒：「我個女不是商品，為何要找『公證行』！」

之後胡家尋找法律意見，有執業律師勸他們不要從「過勞致死」去打官司，考慮從僱主「疏忽」著手，又稱官司勝數很少，「律師說『不是女兒本人親身說，單憑父母的見證，很難入罪』」，胡媽心中一涼：「如果女兒可以上庭講，便不用打官司啦……算啦，我點同大企業打官司。我認命了，我認命了……。」胡家最後放棄訴訟。

組織：公眾與專業人士欠缺認知

工業傷亡權益會總幹事蕭倩文稱，接觸很多在職死亡的個案，有些死者家屬像胡媽媽一樣很想追討，可惜到了最後還是放棄，「首先是對過勞的認知不足，就算家人有這樣的想法，可能去到某個位置都會放棄。可能醫療報告，或者一些律師、專業人士說幾句已經打發了家屬。所謂的專業人士，其實他們很少在個人身體、病發和職場關係裏作出研究。」

蕭倩文補充，懷疑過勞死的個案，一般很少以解剖了解死亡原因，就算醫生寫死亡報告，也不會從工作內容、工時等角度分析。事實上，記者留意到不少曾見報的在職死亡個案，傳媒均以「自身問題」作死亡原因。蕭倩文不諱言傳媒、專業人士將「在職死亡」局限於死亡的「表徵」，而不是「承認工作壓力或者超時工作會引致一些身體問題」。

今年（2024 年）農曆新年之後，短短 3 星期本港發生兩宗工人在工作期間死亡的事件。一則發生在 3 月 2 日凌晨，有地盤職員於屯門稔灣路「新界西堆填區擴建工程」地盤發現一名 64 歲男工友暈倒，被送往醫院治理，其後證實不治。經警方初步調查指出，男工友於前一天（3 月 1 日）下午 5 時半已在地盤暈倒，但未知是否在工作期間暈倒，期間一直無人發現。

3 月 5 日，一名 54 歲紮鐵男工在沙田惜食堂食品製作中心地盤工作，喝水時不適暈倒，送院搶救後證實不治。據《明報》報道指出，死者子女在內地生活，在港並無親戚，兒子表示父親生前身體無大礙，亦甚少吸煙；女兒則指出父親會在假期回到內地，但在加入此地盤工作後感吃力。

2016 年曾承諾討論「過勞死」

據工業傷亡權益會統計，3 年間有 67 人猝死，是在職死亡的統計中最高。該會總幹事蕭倩文表示，調查結果是透過曾刊載的新聞作統計，蕭強調據政府統計的在職猝死數字，死者數目比他們統計的多出數倍。

據政府於 2021 年向立法會提交的文件包含 2013 年至 2018 年首三季的在職「非因意外死亡」的死亡數字。報告顯示，

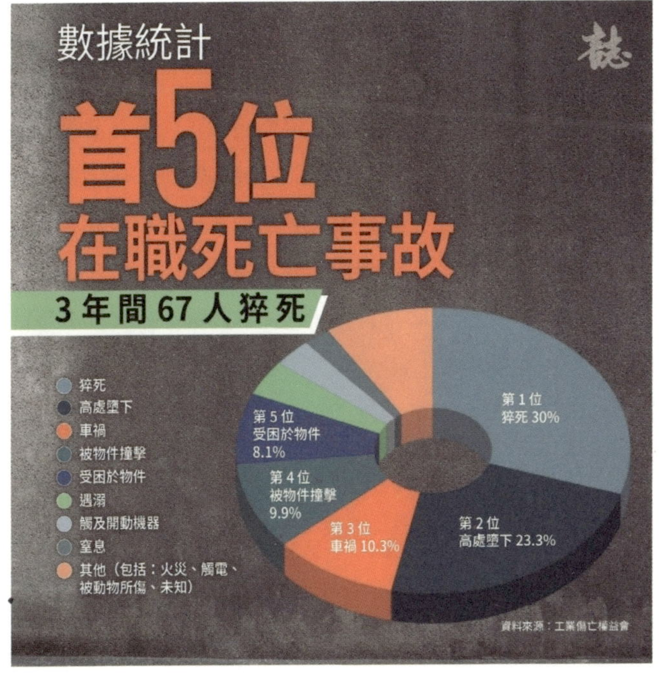

2014 年、2016 年與 2017 年「非因意外死亡」的在職死亡超過 100 宗，當中「專業及商用服務」的職業「非因意外死亡」佔最多，6 年間達 130 人，比建造業的 91 人更多。可是，往後政府再沒有相關文件。

蕭倩文指出，「過勞死」立法遙遙無期，以今日的法例，3 年間在職猝死的 67 名工友是不會被列入「工傷」，他們只能透過家屬提出超時工作的證據與健康證明文件，循法律程序跟保險公司要求賠償，「我們這麼多年來累積猝死的個案，基本上沒有一宗可以成功在法庭上拿到賠償。不少是超時工作或工作壓力而自殺，政府是漠視他們的生命。」

縱使日本、台灣與南韓均為「過勞死」立法，但香港目前仍沒有就「過勞死」立法有任何討論。蕭倩文指，2016 年前勞工及福利局局長張建宗曾委託職安局做研究，報告最後的結論是縱使香港超時工作相當普遍，但勞工突然死亡或涉及疾病因素，與工作未必有直接關係。其時張建宗曾指本港對「過勞死」沒有定義，但承諾政府會研究，惟立法會之後再沒有討論。蕭倩文表示今日「過勞死」的數字沒有減少，更有年輕化的趨勢，目前立法會仍然沒有議員提及「過勞死」，是令勞工失望的。

工業傷亡權益會總幹事蕭倩文稱香港勞工法例落後東亞國家 20 至 30 年，目前香港連標準工時也未訂立。

放下後的「不放下」

工業傷亡權業會總幹事蕭倩文

我是在 2018 年的「『4.28 工殤紀念日』」集會中對胡媽媽有多一些的認識，她參加了工權會的『過勞小組』，關注香港因工過勞的情況和權益。她和幾個組員到街頭派發單張，希望市民也一起關注。4.28 那天，她作為組員的代表，講述愛女的故事，台下一片沉默，我已潸然淚下。

2019 年工權會邀請胡媽媽為過勞議題拍了一條短片，那次才算深入了解胡媽媽和家怡的故事。胡家怡，一位年輕的採購員，經常中港兩邊走，每天十幾小時天昏地暗地工作，帶病上班也是常事。事隔六年，胡媽媽複述家怡那句「『點算呀！趕貨啊！死啦！』」遺言至今仍無法忘掉。家怡在 2016 年離世，當天正是五・一勞動節，打工仔在勞動節因為過勞而去世，多麼的諷刺！不過更諷刺的是，沒有人能寫出「胡家怡因長期超時工作，過勞而死」，取而代之的是「死於免疫系統疾病」，也就是返回「個人疾病」這個廣闊的不著邊際的定義中，一錘定音。

「個人疾病」，是誰說了算？死亡原因中有無加入「工作原素」作為參考？例如是否因為長期加班工作而導致身體出現了異常？是否過勞或工作壓力誘發了自身的個人疾病？到目前，我們都沒有得到官方的重視，但那一個又一個的生命，每天都在默默隕落。

最近，《誌》採訪了胡媽媽，嘗試打開家怡的電話和電腦，看有沒有一些線索或家怡的照片給家人留念。發現家怡和朋友的一些對話，這些資料能否給胡家一些未知的真相，讓他們釋懷呢？我常常想，如果六年前工權會沒有邀請胡媽媽拍短片講過勞問題，我對家怡的認識，只流於報紙上零零碎碎的文字上。如果當年我們狠狠咬住不放，或這事情發生在現在，是否能引來更多的關注，直接撼動工傷法例的修改，保障那些因為過勞、工作壓力而生病甚至死亡的僱員呢？而當時，如果我們掌握更多資料，是不是已經可以說服法律援助署和律師多走一步呢？

我們難過和惋惜年輕聰穎的家怡的離世，但同時也憐憫和擔憂胡媽媽胡爸爸如何渡過年老失去愛女的難關。可是，胡媽媽讓我們放心下來。女兒逝世九年來，她一直沒有逃避，凡是我們邀請她接受媒體採訪、拍攝影片等等，她都二話不說欣然參與當中。

每一次她向大家訴說女兒的故事，都含著多少悲痛和淚水，但她還是堅持一遍又一遍的娓娓道來。她期望透過愛女的事，讓大家，尤其是所有的僱主和政府正視過勞的問題。不過我相信，更多人能從她的經歷中得到勉勵，學習如何煉成放下，以及放下後的「不放下」——不放下延續追求公義的初心；不放下改變社會的願望，哪怕只有一丁點的改善，雖然需要付出非常大的力氣，但也是滿足的。目前，我們還需繼續努力。

六年前，還是一頭黑髮的胡媽媽如今已白髮蒼蒼，身體也大不如前，但她最近還加入了義工小組，探訪工傷和遺屬家庭。她仍舊是那個勇敢堅毅、讓我十分敬佩的胡媽媽。祝福她。

「Karoshi 過勞死」短片

https://www.youtube.com/watch?v=dcmXU9DzoZA&t=15s

附錄

陪伴工傷遺孤的人們教我如何說再見

鄭思思

天朗氣清，藍藍大海，一班小朋友在沙灘上玩得忘形尖叫，笑得燦爛。他們的爸爸都在天上，可能正躲在朵朵白雲後看着孩子。這天，工業傷亡權益會相約了幾個難屬家庭一起到西貢遊玩。孩子裏有安達臣道塌天秤意外的遺孤，爸爸許文明工業意外身亡，許太蔣惠後來癌症病逝，留下兩個女兒。總幹事蕭倩文熱情地跟小朋友玩，一起挖沙一起人抬人，大家哈哈大笑。我問蕭倩文，你怎樣教他們跟至親說再見？

農曆新年將至，是工業傷亡權益會忙碌的時節。蕭倩文說，touchwood 大時大節千萬不要有什麼意外，她們只想忙整年糕整油角送家屬：「家屬不太慶祝節日㗎……因為在節日裏，我們一般人比較開心，但對他們來說，真的每逢佳節倍思親，只會覺得自己失去了一個人，比較傷感……」她們會先找一班家屬義工製作賀年食品，然後辦活動派發，同場有手作工作坊，讓工友或家屬玩玩，互相連結：「大時大節我們送上一些祝福，包括送一些自製食品，讓他們知道其實有人記得他們，我們隨時都在……」

工業傷亡權益會跟家屬的關係是細水長流的，中心有瑜伽班、詠春拳、串珠首飾工作坊、植物盆景或插花工作坊，文化古蹟濕地公園遊，聖誕派對自製曲奇雞蛋仔等等，也算月月繽紛。12 月 29 日，我跟他們去了西貢 BBQ，一班幹事跟幾個難屬家庭像朋友般聚會，蕭倩文帶上自己兩個女兒跟大家打成一片。

人生無常 好人福薄

我看見之前跟許太一起為工權會賣旗的兩個小女兒，分別 8 歲和 5 歲，兩人笑容滿面。她們有不容易的童年，爸爸許文明在 2022 年 9 月安達臣道塌天秤意外中不幸喪生，許太蔣惠患上末期乳癌在 2023 年 10 月病逝。蔣惠是令人敬佩的媽媽，生前在喪夫患癌的困境中，她仍想着其他困難的人，在意外後幾天便毅然停收捐款。她當時說：「我知道社會上仍有很多有需要有困難的人，大家都好不容易，我不希望資源都集中在我這個家庭上……」無奈人生無常，好人福薄。她不幸離世後，家人原不打算收捐款，最終考慮到許太戶口被凍結，同意由工權會募捐，籌款一日後家屬亦表示「秉承許太生前感恩知足的精神」，停收捐款。兩姐妹現由祖父、姑媽及工人姐姐照顧。

那天西貢海灘 BBQ ，親友說小女兒鬧了一個鐘情緒才願意出來，說不要出門又要出門，反反覆覆，最後才勉強來到。幸好看見大家後，小女兒又笑得開懷，大口大口吃燒雞翼，在沙灘上玩堆沙拾貝殼，樂而忘返。大女兒就喜歡黏着蕭倩文的 3 歲女兒玩，把她當洋娃娃一樣又抱又餵零食，然後一班小朋友玩人抬人，個個笑得要倒地。蕭倩文說：「有時候，我們一家人出外，（許太）大女兒可能會感到少少孤獨，覺得有少少……自己是外人。我有這種感覺，所以那些時候，我會拍一拍她膊頭，單獨跟她走走，聊天。」

一年之間，女兒要跟爸爸、跟媽媽說再見，上天是不是有點殘忍？蕭倩文說，她不會主動提起悲劇，盡量當一般小朋友看待，等待小朋友想講的時候：「當她們主動提起時，我們會問，讓她們講更多，回憶更多。不同人有不同的處理方法，只不過我覺得不要逃避，當無事發生。對她們來說，是記憶裏有一些片段，跟媽媽如何相處。如果對小朋友說死亡啊，孤苦無依啊，其實對她來說很殘忍的，反而是令她們記住跟媽媽爸爸相處的點滴，這是很珍貴，要好好留住，捉住的東西。」

當我還在 花園散步

這是她在工權會十幾年，陪伴很多家庭面對生死的哲學：「當屋企人仲喺度」。她說過去我們可能比較守舊，不想跟別人說，或者將死者的東西全藏起來，一張照片也沒有，免觸景傷情，但她自己不覺得是好的方法：「我覺得是反過來，把他們的照片貼出來，那些日常生活照，在電話裏不停地看，有空就看，拿所有回憶出來，就當他雖然肉體不在，但他仍然在陪伴大家，在別的地方。我鼓勵他們這樣做。」她說曾經有人聯絡工權會，尋找 20 年前父親工業意外的資料，因為家人一直隱瞞不提不講，但他很想知道爸爸因何離他而去，最終工權會找到剪報，讓他釋懷。

蕭倩文很後悔 2015 年母親病逝沒有好好抱一抱媽媽的遺體：「應該要摸一摸她，擁抱一下，或者摸一下手。以前小時候覺得（死亡）很害怕，但當發生在親人身上，就不是那回事。當你將那件事看成和逝去家人仍然是共同一體的時候，就完全沒有害怕的感覺。然後經常拿相片出來看，你就覺得她和你仍然是在一起，期待將來真的在天堂再聚。我覺得對人來說是舒服一點的。」她還鼓勵家屬帶着逝者的錶、項鍊，甚至衣服，讓家人陪伴自己。

工權會收集了很多許太年輕時的相片，畫作等，為兩名小女兒保存。蕭倩文亦寫下悼文，記低許太的生活點滴，讓女兒懂得媽媽是一個如此值得敬佩的人：「如果不提不說，令記憶也失去了，這是很遺憾的事。對小朋友來說，我們更加要灌輸正確的觀念，不要讓他們有一個錯覺，覺得自己做錯了，令父母走了，有時他們會有這些自責的情緒或想法。」

大海海浪捲起再悄然沉寂，天色極好，藍藍的天，滿是一朵一朵碎雲，或者爸爸媽媽真的就在天上看着孩子遊玩。工權會的幹事愛姐就自己帶來湯鍋，在燒烤爐上為小朋友煮烏冬，又溫柔的跟小朋友聊天。愛姐由天秤意外當天跟進個案，幫助許家處理後事以及工傷追討的繁複程序，她還想幫許太女兒報興趣班，逛街經過便去取宣傳單張。

為香港犧牲的工人

跟許家最親近的是工權會主席劉千石，他之前陪伴許太看醫生，又經常帶她們一家去玩，去看粵劇，非常熟絡。現年 79 歲的劉千石是工權會的始創成員，他身體不算太好，出入也扶着拐杖。在海灘上，他被小朋友拖着，還被小朋友指示去撿貝殼，他苦笑一下，震騰騰地彎腰，撿起一個一個小貝殼遞給小朋友。劉千石說許太曾經問，他是否可憐她們：「我覺得我有責任和她一起。他們這班小朋友都是……爸爸為香港付上性命，我們要關心他們，要幫他們，要跟他們一起。有人跟她在一起，她就會健康地一直成長。這其實都是我們大家希望的。」

香港每一年的職業傷亡有三萬幾宗，奪去二百幾條人命，而致命意外的平均罰款只是幾萬元。這些數字，我們揭完報紙就過了，遺下一個一個活生生的家庭。創立 43 年的工業傷亡權益會，致力推廣職業安全，近年開始在大學中學舉辦職安話劇，由年輕人教育做起，又落地盤搞講座，勸前線工人做足安全措施，好好保護自己。

香港的勞工團體買少見少，慶幸工權會是倖存的少數。我最驚訝是蕭倩文的生命力，試過跟她這「女人仔」落地盤講安全，她會展示自己在街上拍到的施工相片，說這名師傅高處工作竟沒戴安全帶，那個師傅用了不合規格的木梯，她問在場的工友誰會即場出聲？她說她會，因為她不想有任何意外發生，然後她雙眼真誠的望着每一個地盤佬說：「我一個人講完夠不夠？我一個人講的能力有限，但如果我又講，你又講，你又講，你又講的時候，你覺得做不做到一個效果出來？」有工友弱弱一句：「無咁多人陪你一齊講㗎……」她再充滿熱情的說：「我就係想拉埋你哋落水嘛，我要拉更多人落水。我們把職安的文化延伸出去！你們這一刻不相信？我好似講緊一啲詐騙案咁（笑）…… 但十年八年後，我們會見到成效，如果你們出街見到會出聲。我們就是要合力去改變。」

講座後，我問她反應如何，她仍樂觀的想，「可能也感動到某些人的」。蕭倩文在辦事處放着「工運鬥士」、已故總幹事陳錦康的照片，他在 2019 年突然病逝，蕭倩文臨危受命。她說自己也把陳錦康「當佢喺到」，肉體不在，但仍然在陪伴大家，來年繼續與工傷家屬同行，讓小朋友在愛裏長大。

（原文於 2024 年 2 月 4 日刊登於《明報》）

跋——餘生的缺口

今天是 428 工殤紀念日，本書在最後校對階段，我在《明報》讀到徐少智的訪問，他作為工殤家屬為工權會站台，爭取建立「香港工殤死難者紀念碑」。他在該訪問裡說了一個故事，一個他沒跟我說的故事。

兒子徐學培在 2022 年 9 月安達臣道地盤天秤倒塌意外慘死以來，他一直為兒子的手機交電話費，雖然打不開密碼鎖，他一直為手機充電，靜靜守著。他解釋他在等待兒子的好友可能來電，他可以透過交流更了解兒子。

可以想像，那電話響起的機會有多大。若已認識徐爸爸的，直接致電他便可以。會打電話給一個逝去兩年半的人，必然是久未聯絡。到底徐爸爸真的在等電話，還是不忍割捨一絲生命氣息？這個不太可能會響起，但電池飽足的手機，能給他怎樣的安慰？

這事令我不能自已。然後發現工殤家屬喪子或喪偶之痛，我只能想像，不能體會。他們生命中的缺口漆黑而深邃，盡我的禿筆，也難以完全描述。

感謝之言

在此再次向工權會所有工作人員致敬，安慰、照顧家屬的工作一點不容易，太動情拖垮自己，太無情又傷害別人。餘生漫漫，「陪伴」是很大的承諾，但工權會說到做到。

感謝各幹事在忙碌工作中抽空為本書撰寫的手記，每篇都是珍貴的心血結晶。我做每個訪問不過一兩小時，但他們跟進家屬所需卻是經年累月，其中建立的信任和關懷，有如家人一樣。

寫得最多的，是總幹事蕭倩文，她是個魄力驚人、充滿能量、溫柔而堅定的女子。既是總幹事又是媽媽，她一定是三頭六臂，方能完成一項又一項的工作。照顧工殤家屬之餘，還積極推動職業安全。她的見解，對我很有啟發。

感恩認識到工權會一群有心人。

陳惜姿

2025 年 4 月 28 日

跋——未完的故事

《餘生》只是收錄了九位遺屬的故事。對，說「只是」，是因為每年在職場中逝去的人有二百多，如果由胡家怡逝世計起，近八年來有千多人死於工作，這九位，不過是當中的0.5%。關於香港工殤意外情況，歡迎閱讀我們另一本著作《九千鴻毛——香港工殤運動紀要》。

在惜姿2024年年中開始撰寫《餘生》以來，職業傷亡意外從未停止過，其中十月和十一月份的死亡意外更加頻密到讓人髮指的程度。工權會迅速聯合了家屬、學者、專家、工會和團體召開了「五日三宗 天理不容 風雨同路 行多一步」記者會，喚起政府、業界和社會的關注，希望各持份者確保做好安全，不能再有人犧牲。

常常有人問：「你們（我和同事們）經常陪同家屬經歷人生中最無助和痛苦的時刻，自己是怎樣過渡的？」其實，我們也會感到心痛、也會掉眼淚，只是，我們必須冷靜克制，確保能陪同和帶領家屬走出幽谷。

人走了，無法挽回。但人走了，我們應賦予意義。

在一個喪禮上，我看到桌子上擺放了很多充滿歡樂的家庭照片、逝者喜歡吃的巧克力，禮堂播放著逝者喜歡歌曲。期間，主持人讀出太太的信件和播放年幼子女的錄音。太太稱讚丈夫如何毫無條件遷就自己，如何盡心盡力愛護子女，為家庭付出了所有，是一位非常非常好的丈夫和爸爸。這種家人們給至親的最後道謝和道別，讓我們看到了逝者生命的意義。

天秤意外死難者徐學培的爸爸說：「我希望用我的餘生來減少工業意外。」；胡家怡媽媽多年來背着傷痛，面向大眾一次又一次訴說女兒的故事。讓我們看到留下的人如何帶著這些盼望堅持著；他們為子女的犧牲，賦予意義。

每年的 4 月 28 日，我們為逝去的工友悼念。如果有一天，政府能把這一天訂立為官方的「工殤紀念日」，能在市區當眼處樹立「工殤紀念碑」，讓市民隨時憑弔。讓人謹記不幸事故的沉痛的教訓，從而改變安全法例法規、改善安全文化。那麼，我們就能看到工友犧牲的價值。

其實，這些都是我們為犧牲者唯一能做，也是力所能及的事情。我們盼望著。

蕭倩文

工業傷亡權益會總幹事

2025 年 4 月

每月心意，為愛奉獻！

您的每月定額捐款，能為我們有限的資源增添力量，令更多工傷者及遺屬得到支援。

每月定額捐款：

捐款港幣一百元或以上，可憑收據申請稅務扣除

步驟 1. 請掃描 QR Code 按下連結，月捐金額分別預設了港幣 $100、$200、$300、$500 及 $1,000。
(如欲月捐其他金額，請與本會聯絡)

$100 $200 $300 $500 $1,000

步驟 2. 輸入信用卡資料及聯絡方法。

步驟 3. Stripe 平台將會於每月捐款日，將捐款收據發送到你的電子郵箱。

- 網上月捐由第三方付款供應商 Stripe 處理
- 如欲終止「每月捐款計劃」，請與本會聯絡。

劃線支票：

抬頭寫「工業傷亡權益會有限公司」或 "Association for the Rights of Industrial Accident Victims Limited"

銀行直接存款：

恒生銀行（Hang Seng Bank）：295-3-086820

轉數快（FPS）捐款：

快速支付系統識別碼 FPSID：164842163

7-11 便利店現金存款：

支付寶香港 AlipayHK 慈善平台：

https://www.ariav.org.hk/alipay

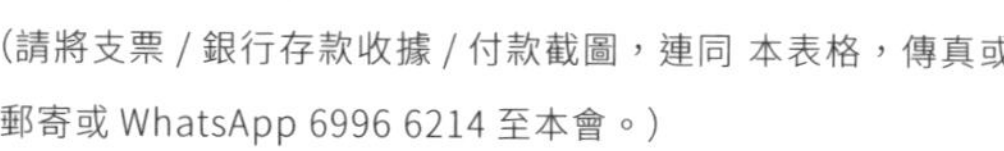

（請將支票 / 銀行存款收據 / 付款截圖，連同 本表格，傳真或郵寄或 WhatsApp 6996 6214 至本會。）

經由「01 心意」電子平台捐款：

https://www.ariav.org.hk/heart

（在成功付款後，按指示索取由電子平台發出的電子收據。）

本會地址：藍田啟田道 71 號藍田（西區）社區中心 1/F

電話：2366 5965　　傳真：2243 6446　　電郵：info@ariav.org.hk

餘生：看得見的工殤數字 未說完的生命故事

文字	陳惜姿、蕭倩文、謝欣然、林靜儀、陳珏軒、卓詠恩
編輯	小山
攝影	劉家樂，或受訪者提供
設計、排版	Nasha Chan
鳴謝	關震海、劉彥汶、鄭思思、馮典特
出版	工業傷亡權益會
	九龍藍田啟田道 71 號 藍田（西區）社區中心一字樓
印刷	雅聯印刷有限公司
	柴灣利眾街 37 號泗興工業大廈 1, 2, 3, 5, 8 樓全層
出版日期	2025 年 5 月
ISBN	9789628642359
定價	港幣 98 元
	（本書收益將用於支持工權會工作）